I0146779

www.ingramcontent.com/pod-product-compliance
Lightning Source LLC
Chambersburg PA
CBHW072122090426
42739CB00012B/3034

9 7 8 2 0 1 3 5 2 0 1 6 4

Sur la tendance.

Dans les *Leçons de Philosophie* de M. Laromiguière, publiées en 1815, long-temps avant
qu'on songeât à faire une loi sur *la tendance*,...
le savant professeur défend victorieusement
Condillac de l'accusation de matérialisme; puis
il ajoute cette objection : «Le système de Con-
» dillac a une *tendance* au matérialisme. » —
Et il continue : « Une *tendance*? Comment vou-
» lez-vous que l'on réponde à une chose *aussi*
» *vague?* Ceci rappelle un trait de Pascal. On
» sait que par ses *Provinciales* il s'était fait des
» ennemis très-puissans et très-redoutables. Ils
» allaient criant partout que l'auteur était *un*
» *athée,* et un vrai *tison d'enfer!* Pascal va
» trouver Arnaud, et lui dit : Personne au
» monde n'est plus fort que vous en dialec-
» tique; vous voudrez bien venir à mon se-
» cours. On ne cesse de répéter que je suis
» un athée et un tison d'enfer. Je puis bien
» me disculper de l'accusation d'athéisme ; mais
» comment faire, je vous prie, pour prouver
» que je ne suis pas un tison d'enfer? J'y suis
» très-embarrassé. — Comment prouver qu'on
» n'a pas une tendance? » dit M. Laromiguière.
(10ᵉ. *Leçon.*)

PLAIDOYER

DE M. DUPIN,

POUR

LE CONSTITUTIONNEL.

PARIS. — IMPRIMERIE DE FAIN, RUE RACINE, N°. 4,
PLACE DE L'ODÉON.

PLAIDOYER

DE M. DUPIN,

POUR

LE CONSTITUTIONNEL,

PRONONCÉ

A L'AUDIENCE DE LA COUR ROYALE,

1re. ET 3e. CHAMBRES RÉUNIES,

LE 26 NOVEMBRE 1825.

« Libre de toute association, secte, ligue ou
» parti, je n'appartiens ni à Apollon, ni à
» Céphas, mais à Dieu. Je n'oublie pas non
» plus que je suis Français, avocat en cette
» première Cour du royaume, pour y parler
» librement, en toute conscience et vérité. »

(*Plaidoyer de M.* Dupin.)

PARIS.

BAUDOUIN FRÈRES, LIBRAIRES,

RUE DE VAUGIRARD, N°. 17.

1825.

PLAIDOYER

DE M. DUPIN,

POUR

LE CONSTITUTIONNEL [1].

———————

Messieurs,

Tous les amis de la justice, ceux qui se plaisent à contempler en vous les protecteurs naturels des droits des citoyens, les défenseurs éclairés des libertés publiques, et par là même aussi les plus fermes soutiens de la monarchie, voient avec un respect mêlé de satisfaction un jour qui rappelle l'ancien éclat de la magistrature française.

Ils se réjouissent de ce qu'au milieu des attributions usurpées sur votre domaine, et dont plusieurs devraient déjà vous être rendues, le premier débat où les libertés de l'église gallicane sont intéressées, est soumis à l'autorité judiciaire qui en fut si long-temps l'inébranlable appui.

[1] On a rattaché au plaidoyer, par des notes, les citations qui n'ont pu être lues à l'audience.

Le barreau doit s'en enorgueillir : sa gloire est
liée à la vôtre; et vous lui rendrez ce témoignage
que la plus noble solidarité s'est toujours établie
entre lui et la magistrature; et qu'elle l'a constamment trouvé fidèle, aux jours de ses disgrâces
comme aux temps de sa prospérité.

Il est surtout une matière où les magistrats
et les jurisconsultes, l'ancien barreau et le parlement ont offert la plus constante unanimité
de principes; je veux dire dans la défense des
droits du trône et des libertés de l'église gallicane.

C'est à leurs efforts réunis que la France fut
redevable de ces savans écrits, de ces vigoureux
arrêts qui, au milieu de l'Europe prosternée, con-
servèrent l'indépendance de la monarchie, et
présentèrent au monde obédient le spectacle,
unique alors, d'une nation saintement jalouse de
sa première discipline, aussi modérée que ferme
dans ses maximes, également éloignée de la li-
cence et de la servitude, sans que jamais sa soumission ait diminué sa liberté, ni que jamais sa
liberté ait porté la moindre atteinte à sa soumission.

Je ne rappellerai pas des noms restés fameux
dans toutes les mémoires; la modestie de plusieurs
d'entre vous en serait offensée : mais chacun ici
trouve ses modèles dans l'histoire, et peut choi-
sir, à son gré, à qui il lui convient le mieux de
ressembler.

Messieurs, l'amour de la gloire s'allie bien

avec la justice : il est la source de tous les sentimens généreux (1). Sans doute, il ne s'agit pas
de rechercher une popularité vaine et des applau-
dissemens qu'il faut savoir dédaigner, comme on
brave d'injustes censures; mais il est du devoir
de tout homme qui connaît sa propre dignité, de
s'assurer de l'estime de soi-même, et de songer à
celle de la postérité.

Nous vivons à une époque remarquable, et la
situation où nous nous trouvons est singulière,
entre un passé qu'on s'efforcerait en vain de rappeler, et un avenir dont les destinées ont tant de
peine à se fixer.

La société civile a vu toutes ses institutions dé-
truites; elles ne sont encore la plupart rempla-
cées que par des promesses; le vague, le provi-
soire nous environnent de tous côtés, et nos libertés sont précaires en proportion de ce que notre
organisation sociale est moins perfectionnée.

Cependant, Messieurs, au milieu de cette espèce d'abandon, il nous est resté une sauvegarde
dans l'opinion publique, aujourd'hui plus forte et
plus éclairée, et dans la liberté de la presse, qui
prévient ou répare, à l'aide de la publicité, les
abus de pouvoir et les vexations, à qui le secret
assurerait le plus souvent une triste et silencieuse
impunité.

(1) «A la gloire ! à la gloire !» disait à ses fils le président
Dupaty.

Cela est vrai, surtout, de l'abus qu'on peut faire
des choses religieuses. Autrefois, vous le savez, il y,
avait aussi des abus: quel régime n'a pas les siens?..,
Mais, du moins, la sagesse de nos pères y, avait
pourvu : on pouvait en appeler au parlement, et
vous concevez que cette voie légale étant ouverte
à tous les citoyens, ils n'avaient plus ni besoin,
ni prétexte de demander à la société entière une
protection qu'ils étaient sûrs de trouver auprès de
leurs magistrats.

Mais, aujourd'hui, ces appels n'existent plus de
fait. Je dis n'existent plus, car l'auteur du concordat de 1801, par suite de ce désir immodéré
qu'il avait de concentrer en lui tous les pouvoirs,
a eu soin d'en réserver la connaissance à son
conseil d'état. Or, cette juridiction, il faut le
dire, n'est pas entièrement du goût des citoyens;
ils aiment mieux la justice que l'administration,
l'audience que le huis-clos, des plaidoiries au
grand jour que des sollicitations obscures et dé-
tournées, des juges inamovibles que des conseillers révocables ; en un mot, ils préfèrent les garanties judiciaires aux formes occultes du secré-
tariat.

Concevez d'ailleurs, Messieurs, l'économie et
la facilité que trouverait, par exemple, un habi-
tant de Lyon, de Strasbourg ou de Bordeaux, à
appeler comme d'abus au conseil d'état, séant au
Louvre, pour un refus de sacrement ou d'inhu-
mation ! à un conseil d'état qui, de loin en loin,

supprimera bien un mandement (1).., mais qui, dans le plus grand nombre des cas, en raison même de ce qu'il dépend essentiellement du ministère, craindra de commettre l'État avec l'Église, et de faire naître des résistances politiques à l'occasion d'une affaire privée.

Tout cela nous explique pourquoi les citoyens, ne trouvant dans cet ordre de choses qu'un recours illusoire, préferent en appeler à l'opinion publique, qui, sur-le-champ, sans frais comme sans délai, blâme ou approuve, absout ou condamne l'acte qui lui est dénoncé.

Tels sont, Messieurs, les services que rend la liberté de la presse dans l'état actuel de la société.

Aussi peut-on dire qu'elle est devenue un besoin universel, une condition de notre existence; elle a tour à tour été réclamée et défendue par tous les partis.

Pourquoi donc a-t-elle été constamment menacée par tous les ministres que nous avons vus se succéder au pouvoir ? Pourquoi, de leur part, cette suite persévérante d'efforts, soit pour comprimer cette liberté à l'aide de l'odieuse censure, soit pour l'amortir par des rachats successifs, en se procurant des majorités, des concurrences, ou

(1) Par exemple, la Lettre pastorale de M. l'archevêque de Toulouse, supprimée par ordonnance du 10 janvier 1824.

2

même du *silence* dans plusieurs journaux ? Ma-
nœuvres désavouées par les mœurs françaises,
et qui ont valu à leurs auteurs, de la part de
mon honorable confrère Berryer, plaidant devant
vous pour l'indépendance de *la Quotidienne*, ce
reproche poignant, que des transactions plus ré-
centes me forcent de répéter : *qu'ils achètent les
opinions, et ne savent pas les défendre !*

Heureusement, Messieurs, que la sagesse de
Charles X a mieux apprécié l'état et les besoins
de son royaume ; car, à son avénement, objet de
tant d'espérances, salué par tant d'acclamations,
son premier mot a été : *Point de hallebardes*, et
son premier acte : *Plus de censure.*

Ainsi, la France s'est vue consolée de cette ordonnance arrachée à l'agonie du feu Roi (1), où le
blâme le plus inconvenant était déversé sur la
magistrature ; il ne restait plus qu'à replacer sur
son siége le fonctionnaire (2) qui avait honoré sa

(1) En voici le texte : « Considérant que la jurisprudence
de nos Cours a récemment admis pour les journaux une existence de droit indépendante de leur existence de fait, —
Que cette interprétation fournit un moyen sûr et facile d'é-
luder la suspension et la suppression des journaux ; — Qu'il
suit de là que les moyens de répression établis par l'art. 3
de la loi du 17 mars 1822, sont devenus insuffisans.... La
censure est rétablie. » Ordonnance de Louis XVIII, du 15
août 1824   *Signé*, PEYRONNET.

(2) M Fréteau, destitué pour avoir conclu comme les
Cours ont jugé, dans l'affaire de l'*Aristarque*.

p'a e en l'exer.ant avec indépen lance, en se persuadant qu'il était magistrat, et non pas un agent du pouvoir, soumis à l'obédience ministé-rielle; et l'on ne se demanderait plus pour-quoi les actes des ministres sont si souvent en contradiction avec les bonnes paroles des rois!

Magistrats inamovibles, montrez que vous les avez entendues et que vous les avez comprises ces nobles paroles du roi-chevalier. N'êtes-vous pas aussi ses conseillers? Vous saurez donc, à l'exem-ple de vos prédécesseurs, lui donner, par vos ar-rêts, de sages avertissemens; « lui rendre, par » votre justice, la force qu'il vous donne par sa » puissance; » et lui prouver, par vos actions, la vérité de ce que disait le président de Harlay à Henri IV, que *les sujets les plus courageux sont aussi les plus fidèles.*

Messieurs, l'accusation qui vous est en ce mo-ment déférée, a un caractère qui lui est propre. Jugée avec plus d'appareil encore qu'on n'en dé-ploie pour les crimes capitaux, elle ne signale pas même un délit. C'est un procès de *tendance*, mot récemment introduit dans notre législation, genre d'accusation réprouvé par tous les crimina-listes, qui crée une manière de délit avec qua-rante fractions de non-délit, et qui ramène ainsi l'argument de cet accusé anglais qu'on voulait accabler avec des semi-preuves, et qui, dans

l'ingénuité de sa défense, ne concevait pas qu'a-
vec cent chevaux gris on pût faire un cheval
noir (1).

Du reste, ne faisons pas de querelle à la loi,
elle existe, il ne s'agit que de l'appliquer; mais,
en raison même de l'indéfini qui plane sur elle,
comme l'application en est absolument laissée à
la discrétion du juge, je crois que le juge aura
cette discrétion de penser que l'application d'une
pareille loi se modifie nécessairement par les circonstances; que, dans une accusation politique,
tout doit être vu et apprécié politiquement; non
avec ce coup d'œil circonscrit qu'on apporte au
jugement d'un fait unique, précis, isolé, d'un
délit ordinaire et bien caractérisé, mais avec
cette hauteur d'inspection qui appartient à la
magistrature, quand, oubliant pour un instant
la querelle née d'un débat purement privé, elle
est appelée par l'État même à se prononcer
sur une question qui intéresse l'État tout entier.

Telles sont, Messieurs, les réflexions prélimi-

(1) Les Anglais ont connu ce genre d'accusation aux temps
de leurs troubles civils : ils l'appelaient accusation *par accu-
mulation* Strafford en fut la victime; et les Anglais d'aujour-
d'hui regardent le retranchement de ces accusations comme
une des plus précieuses conquêtes qu'ils aient faites dans
l'intérêt de la liberté. Voyez ce qu'en dit M. de Lalli-Tollen-
dal dans les éloquens écrits qu'il a publiés pour la défense de
son père. Tome II, p. 402.

naires que j'ai cru devoir vous soumettre avant
de discuter l'accusation.

Après cet exorde, M. Dupin pose les bases de
sa discussion. Il se récrie sur ce que, quoiqu'il y
eût deux journaux constituant deux entreprises
différentes, ayant des rédacteurs différens et des
juges qui ne sont pas les mêmes, on n'ait cependant fait qu'un seul acte d'accusation, où les
griefs sont accumulés pour faire masse, et con-
fondus au point de les rendre en quelque façon
solidaires : *Color est è pluribus unus.*

Il se plaint de ce que les articles incriminés
ont tous été tronqués, mutilés, isolés des phrases
qui les expliquent et des raisonnemens qui les
justifient ; de ce que la pensée de ses cliens a été
travestie dans l'acte d'accusation, et transformée
par M. le procureur général en épigrammes, où
ce magistrat a mis son style, toujours ardent, à
la place des expressions inoffensives dont s'é-
taient servis les journalistes.

Le Constitutionnel, dit-il, ne saurait admettre
ces versions. Il défendra ses articles tels qu'il les
a faits, et non pas tels que le réquisitoire les a
façonnés.

Enfin, Messieurs, *le Constitutionnel*, dans les
trente-quatre articles que je défends et dont quelques-uns, je l'avoûrai sans danger pour ma
cause, ont pu pécher par la forme et sous le rap-

port des convenances, a du moins l'avantage de n'être point tombé dans l'*hérésie*, et de n'avoir avancé aucune proposition qui choque le droit public et les lois ; tandis que le réquisitoire (je le prouverai sans rétorquer l'accusation, et seulement pour montrer qu'on peut se tromper quelquefois avec les intentions les plus pures, le zèle le plus ardent, et le talent le plus distingué), l'acte d'accusation, dis-je, est tombé dans des erreurs théologiques et législatives, à tel point que les uns ont trouvé qu'il était contre la foi (1) et les autres contre la loi.

Le réquisitoire s'est annoncé d'une maniere plus douce au milieu de nous. Émané d'un talent non moins distingué, mais plus maître de soi, je dois dire que généralement on a applaudi au ton qui régnait dans ce discours ; et mon suffrage ici ne peut déplaire à M. l'avocat-général, puisqu'il est l'expression de l'opinion publique, et qu'enfin c'est le témoignage de celui qui ne doit pas seulement à son adversaire le respect pour la dignité dont il est revêtu, mais qui ne craint pas de rendre justice au talent qu'il est chargé de combattre.

Le réquisitoire a fait, certes, preuve d'habileté en se séparant, pour ainsi dire, de l'accusation ;

_____

(1) *Voyez* notamment la lettre de M. le chanoine Tabaraud à M. Bellart, sur son réquisitoire du 3o juillet.

mais il semble aussi en avoir démontré la faiblesse.

Il a éludé toutes les grandes questions; il n'a saisi
que les prétextes, en dissimulant la vraie cause ,
la grande pensée de l'accusation. Mais la défense
ne doit pas négliger de rétablir la discussion sur
ses véritables bases, et ne doit pas permettre aux
juges de les perdre un seul instant de vue.

A son début, l'acte d'accusation est tout-à-fait
rassurant. « Nos dissensions politiques ont cessé,
» dit M. le procureur-général; la démagogie a
» perdu toutes ses coupables espérances; elle a
» dû renoncer à tous ces rêves insensés d'un
» autre gouvernement, d'une autre dynastie. Le
» peuple français s'est éclairé par ses malheurs.
» Le peuple se confie dans cette race auguste et
» française qui a juré nos institutions. Le peuple
» laisse la voix des désorganisateurs se perdre
» dans le désert..... »

Mais alors on se demande : Pourquoi un procès
de la presse? Pourquoi tant de bruit pour réprimer des écrivains dont la voix se perd dans le
désert? Pourquoi tant d'agitation et de trouble
manifestés par l'accusation, quand tout lui semble à elle-même devoir inspirer la sécurité?

Le voici, Messieurs :

« Ces ennemis de tout ordre, signalés par M. le
» procureur-général, ont dû, suivant lui, chan-

» ger de plan. Ils ne se sont plus attaqués à la mo-
» narchie, parce qu'elle est dans nos mœurs...;
» c'est la religion qui, dans leurs noirs complots,
» est devenue l'objet de leurs attaques. »

Étrange raisonnement! Ils ne se sont plus attaqués à la monarchie, *parce qu'elle est dans nos
mœurs!* La religion y est-elle donc moins enraci-
née? Et serions-nous devenus moins religieux à
mesure que nous sommes devenus plus monar-
chiques?....

Mais reprenons :

« C'EST LA RELIGION qui, dans leurs noirs com-
» plots, est devenue l'objet de leurs attaques....
» *Écrasez l'infâme*, est leur mot de ralliement
» secret. »

Non, non, Messieurs, telle n'a jamais été,
telle n'est point encore la pensée des écrivains
traduits devant vous. Mais c'est ici, et dès l'abord
de cette première partie de l'accusation, qu'il
convient de signaler la marche de ceux qui, trop
souvent, font intervenir la religion au secours
de leurs accusations.

Entendons-nous :

Est-ce attaquer la religion que de signaler les
abus qui la déshonorent? n'est-ce pas plutôt la
défendre? Telle est, Messieurs, la grande thèse,
long-temps soutenue, et qui se renouvellera sans
cesse, entre ceux qui veulent que la religion ne

soit que la religion même, et·ceux' qui entre-
prennent d'en faire un masque pour en couvrir
tout ce qu'il leur convient d'appeler ainsi.

Sera-t-il donc défendu de séparer la cause
sainte de la religion, fixée par l'Évangile et par
le symbole de notre croyance, d'avec la *tendance
profane* au pouvoir temporel, imaginée par les
·sectateurs de *l'omnipotence ultramontaine?* Sépa-
ration si clairement marquée par Jésus·-Christ
lui-même ; limites que M. le procureur-général dit
être *si bien connues ;* et pourtant limites si souvent ébranlées, obscurcies, déplacées, et dont la
défense, quoique persécutée, honnie, calomniée,
a cependant toujours rencontré des hommes qui
l'ont exercée, non - seulement comme un droit,
mais surtout comme un devoir!

Ce qui fut autrefois permis sous l'empire d'une
religion dominante, exclusive, sous le roi qui
avait révoqué l'édit de Nantes et ravi la liberté
de conscience à ses sujets, sera-t-il (1) interdit, ré-
primé, puni, dans un temps et sous une loi qui
proclament la liberté des cultes et la' liberté de la
presse?

Écrasez l'infâme ! n'a jamais été dit de la religion. Employée en ce sens, cette parole serait im-
pie, criminelle, abominable, subversive de tout

---

(1) Qui croirait cependant que, pour prix d'une telle
condescendance, Louis XIV soit appelé *le chef des démago-
gues modernes,* dans le *Mémorial catholique,* tom. 2, p. 84?

Il rappelle que M. l'avocat-général Jaubert, dans le discours qu'il a prononcé à la rentrée de la cour, a tracé d'avance la ligne, que l'avocat devrait suivre dans une cause du genre de celle-ci ; et il dit : Mon dessein est aussi de ne pas m'en écarter. Plein de confiance dans la justice de ma cause et dans l'impartialité de la cour, dans cette épineuse discussion, vous reconnaîtrez constamment en moi l'homme religieux et le sujet fidèle. J'abjure toute philosophie qui se sépare des idées religieuses ; je ne me contente pas non plus de professer un théisme vain qui n'avoue Dieu qu'en lui déniant le culte qui lui est dû ; je ne rougis point de ma foi ; c'est un catholique qui plaidera devant vous. Libre de toute association, secte, ligue ou parti, je ne suis ni à Apollon ni à Céphas, mais à Dieu. Je n'oublie pas non plus que je suis Français, avocat en cette première Cour du royaume, pour y parler librement, en toute conscience et vérité, ayant aussi devant-moi l'exemple de mes prédécesseurs , auxquels le barreau moderne ne doit pas se montrer infidèle ; de ces doctes jurisconsultes, de ces puissans orateurs auxquels nous devons toujours nous attacher comme aux maîtres de notre profession, afin de les imiter et de les reproduire, sinon par une érudition qui n'est plus de ce siècle, et une éloquence qu'il ne nous serait pas donné d'atteindre, au moins, ce qui est toujours possible , par la pureté des principes , par la loyauté du caractère et la sincérité du langage.

Mᵉ. Dupin regrette que l'accusation n'ait pas aussi retenu pour elle une partie des avis donnés par M. Jaubert.

Ainsi elle argue les intentions, et la mercuriale défend de les alléguer, même dans l'intérêt des prévenus.

La mercuriale nous recommande de nous attacher surtout *aux faits*. Mais daignez vous en souvenir : à la dernière audience, M. l'avocat-général s'est bien attaché à un ou deux faits, lorsqu'il a cru pouvoir vous en démontrer l'inexactitude. Mais comme ce secours n'a pas tardé à lui manquer, il en a aussitôt appelé *à l'intention, à l'esprit, à la tendance* du journal, indépendamment des faits, de leur vérité, et de toute enquête qui aurait pour but de la constater. C'est ainsi que le Protée de la tendance prend successivement toutes les formes, et s'efforce d'échapper aux liens avec lesquels on essaierait de la fixer.

Imputations générales.

Abordant l'accusation, Mᵉ Dupin s'attache d'abord à l'examen des *signes généraux* auxquels M. le procureur-général a cru reconnaître cette méchante intention qu'il prête au *Constitutionnel ;* tels que « mépris déversé sur les choses et les » personnes de la religion, provocation à la » haine contre les prêtres en général, acharne-

Après cela, que nous dit l'accusation en parlant de ceux qu'elle signale comme les ennemis de la religion? « L'hypocrisie a gagné jusqu'à » leurs journaux. » Où donc était-elle, et quelles conquêtes avait-elle déjà faites avant d'arriver jusqu'à eux? s'est déjà demandé pour nous un ingénieux écrivain (1). L'hypocrisie a gagné leurs journaux! et ces journaux ne cessent de la signaler et de la combattre! Et ne savez-vous pas qu'on

source, l'art du raisonnement et de l'éloquence; l'homme de bien, dans quelque région qu'il soit né, y trouve le développement de cette morale pure dont le ciel mit le germe dans tous les cœurs. Ces hommes eurent beau s'ensevelir dans la solitude la plus profonde et couvrir d'un voile épais leurs ouvrages sublimes, la louange leur fut prodiguée par le pontife le plus éclairé, par les magistrats les plus respectables, par ceux mêmes qui s'éloignèrent le plus de leurs maximes et de leurs exemples. Hommes immortels, recevez le tribut de vénération que nous vous offrons tous à l'envi dans cette cause! Les regrets de la nation ne cesseront d'honorer votre tombe. Mais vous obtenez aujourd'hui un témoignage bien plus touchant de la reconnaissance du genre humain. Notre auguste monarque vous fait revivre au milieu de nous. Il occupe nos plus célèbres artistes à vous ériger *des statues*. Il les place dans les palais des rois, au milieu des plus fameux défenseurs du trône et des autels ; et, grâce à ce grand caractère qui se grave dans toutes les actions du jeune prince, nos derniers neveux pourront à la fois recueillir les fruits de votre génie, et jouir en quelque sorte de votre présence. » (*Nouvelles ecclésiast.* du 4 septembre 1781, page 142, colonne 2.)

(1) M. Fiévée, dans le *Journal des Débats* du 13 septembre.

les accuse d'aimer Molière, et d'applaudir ; avec le peuple aux représentations de l'*Imposteur!* Ultramontains! quel que soit votre nom, trouvez dans vos rangs un autre Molière qui fasse à son tour le tartufe de vos adversaires!

Mais les journaux attaqués dans ce sinistre préambule, quels sont-ils? *le Constitutionnel* et *le Courrier*, c'est-à-dire les plus anciens, long-temps les seuls organes de l'opposition : *le Constitutionnel* coupable, surtout à ce titre, aux yeux des hommes qui ne voudraient pour toute constitution que la théocratie, et pour charte que les bulles *in Cœna Domini!*

Ces journaux sont dénoncés à la cour « pour » leur *tendance* coupable à porter atteinte au » respect dû à la religion de l'état. »

Ici l'accusation prend une teinte légale, puis-qu'il existe une loi qui érige la *tendance...* en une sorte de délit.

La question sera donc de démêler cette tendance, de juger ensuite si elle est coupable, et si c'est le cas de la réprimer.

M^e. Dupin annonce qu'il ne s'arrêtera pas à discuter péniblement chacun des articles qui composent le faisceau de la tendance. Il tâchera de saisir le caractère général des objections, et d'y rattacher par le fait la justification des articles incriminés.

ordre social, et, loin de la défendre, je la con-
damnerais le premier. Mais c'est du fanatisme
qu'on a dit *écrasez l'infâme !* du fanatisme, qui
est le plus dangereux ennemi de la véritable piété;
hydre à têtes sanglantes, qu'il ne suffit pas de
couper, si on ne les écrase pour les empêcher
de renaître.

Ici l'on reconnaît la tactique de ceux qui exercent *la tendance soi-disant religieuse* au pouvoir
temporel. Ils ne se contentent pas d'avancer vers
leur but. Pour y arriver plus sûrement, ils veulent y marcher sans contradiction. Alors ils cherchent par mille moyens à s'identifier, à se con-
fondre avec la religion même, soit qu'ils en portent l'habit, soit qu'ils en affectent le langage,
afin de dissimuler la partie mondaine sous la partie sacrée, et de cacher la férule séculière sous
le manteau spirituel. C'est ainsi que le cardinal
de Richelieu se vantait de tout couvrir avec sa
soutane rouge.

Ils y trouvent le double avantage :

1°. De rendre les opposans odieux, comme im-
pies, sacriléges, athées surtout, épithète tant prodiguée à ceux même qui confessent Dieu avec le plus
d'énergie, si cette profession de foi, qui pourtant
devrait suffire, n'est accompagnée de tous les ac-
cessoires dont trop de gens se croient en droit de
la surcharger ;

2°. De dénier même la défense à leurs adver-

saires; de réduire les gens au silence pour
n'avoir pas à les réfuter; et de lier les mains
derrière le dos à celui qu'ils veulent frapper impunément au visage : tels les Juifs envers
Jésus-Christ !

Art dès long-temps divulgué par l'immortel
peintre du *Tartufe* (1), le chantre du *Lutrin*, et
par l'auteur plus grave et non moins célèbre des
Provinciales, à qui Charles X vient de faire élever une statue au sein de sa ville natale (2)!

(1) D'autant plus dangereux, dans leur âpre colère,
    Qu'ils prennent contre nous des armes qu'on révère;
    Et que leur passion, dont on leur sait bon gré,
    Veut nous assassiner avec un fer sacré.
    De ce faux caractère on en voit trop paraître !

(2) Cette statue est aussi dans la grande salle de la Sorbonne. A cette occasion, je rappellerai un beau mouvement
oratoire de Gerbier. Il s'agissait d'un testament chargé de
plusieurs legs, et que les héritiers naturels du testateur
voulaient faire casser; et comme on faisait remonter l'origine de ces legs jusqu'au testament de M. Nicole, cela
donna occasion aux avocats qui plaidaient pour les héritiers, contre les légataires, de parler de MM. de Port-
Royal, et le célèbre Gerbier, l'un de ces avocats, s'exprima
en ces termes

« Ce fut dans cette pépinière de grands hommes qu'Ar-
nauld, Pascal, Nicole, Racine, composèrent ces chefs-d'œuvre qui ont assuré à la France la supériorité dont elle jouit sur
toutes les autres nations. Les savans y vont chercher chaque
jour les élémens de notre langue et de toutes les sciences ;
l'homme de lettres et l'orateur y puisent, comme dans leur

» ment à propager contre eux des milliers d'ac-
» cusations fausses, et de vouloir ainsi ruiner la
» religion catholique pour y substituer le pro-
» testantisme ou néant religieux. »

Mais avant d'entrer dans un sujet aussi délicat,
permettez - moi, Messieurs, de vous lire quelques mots de la réponse qu'un des amis de
Molière adressait à l'un de ceux qui avaient le
plus vivement incriminé la comédie du *Tartufe*.

« Je ne doute point, disait-il, que vous n'ad-
miriez d'abord l'adresse du critique, lorsque vous
verrez qu'il couvre du manteau de la religion tout
ce qu'il dit à Molière. Ce prétexte est grand, il
est spécieux; il impose beaucoup; il permet de
tout dire impunément; et quand celui qui s'en
sert n'aurait pas raison, il semble qu'il y aurait
une espèce de crime à le combattre. Quelques
injures qu'on puisse dire à un innocent, on craint
de le défendre lorsque la religion y est mêlée ;
l'imposteur est toujours à couvert sous ce voile,
l'innocent toujours opprimé, et la vérité toujours
cachée. On craint de la mettre au jour, de peur
d'être regardé comme le défenseur de ce que la
religion condamne, encore qu'elle n'y prenne
point de part, et *qu'il soit aisé de juger qu'elle
parlerait autrement si elle pouvait parler elle-
même.* »

Heureusement, Messieurs, les assertions de

l'acte d'accusation se réfutent par leur généralité
même. . `

En effet, 1º. on ne déverse pas le mépris sur
les choses de la religion, lorsqu'on montre que
telle chose *n'est pas de la religion*, mais du fanatisme et de la superstition, choses que la religion condamne expressément.

2º. On ne déverse pas le mépris sur les personnes de la religion, en signalant la conduite anti-
religieuse de quelques ecclésiastiques. Mais on
retrouve ici (et je m'étonne seulement que ce soit
dans un réquisitoire) cette prétention à l'invio-
labilité des clercs, qui, de tout temps, ont voulu
se soustraire, non-seulement aux poursuites des
juges royaux, mais encore aux simples reproches
du public, sous le vain et faux prétexte que tout
ce qui blesse ou menace le plus petit d'entre eux
porte atteinte à la religion :

> Qui n'aime pas Cotin n'estime pas son roi ,
> Et n'a, *suivant Cotin*, ni Dieu, ni foi, ni loi.

3º. *Le Constitutionnel* n'a jamais provoqué à la
haine *contre les prêtres en général*; au contraire,
il a souvent, quoi qu'en dise le réquisitoire,
rendu hommage à la vertu et à la charité des
bons prêtres.

4º. Il a, j'en conviens, blâmé des actes qui lui
ont paru blâmables, mais il ne faut pas dire qu'il
ait propagé contre les prêtres *des milliers d'ac-*

4

cusal'ons *fausses*, lorsque, recherchant une tendance dans la multiplicité des articles , on en
incrimine seulement trente-quatre. De telles hy-
perboles sont déjà ce qu'il y a de plus propre à
décréditer une accusation.

On convient d'ailleurs que, parmi ces accusations, que l'on dit être fausses, *s'en produisent
quelques-unes de vraies*. Un peu plus loin, l'accusation parle encore *de fautes réellement commises par quelques-uns d'entre eux*. N'a-t-on donc
pas eu le droit de les reprendre, même en public,
même dans les journaux ? En quoi, je vous prie,
de telles révélations offensent-elles la religion ?
L'éloge d'une brave armée est-il affaibli par la
censure de quelques lâches mis à l'ordre du jour ?
La magistrature en corps se croit-elle insultée
lorsque l'on déclame contre la vénalité, la corruption, la bassesse, la complaisance pour le pouvoir, et ce qu'on pourrait appeler *l'obséquiosité* ?
Le barreau s'émeut-il parce qu'on joue *l'Avocat
Patelin* ?

D'après cela on conçoit pourquoi les faux dé-
vots s'irritent aux représentations du *Tartufe*,
ce sont eux que l'on joue ; ils s'y reconnaissent :
mais par-là même aussi on voit que les attaques
qui ne frappent que sur les fourbes ne peuvent
pas retomber sur les gens sincères qui, au lieu
de se servir de Dieu, le servent avec un cœur
droit ; et que la religion n'est pas blessée par la
juste censure de ceux qui la dégradent autant

qu'il est en eux par leurs vices et leur hypocrisie.
Aussi les apôtres, ces premiers propagateurs de
la foi, animés du véritable esprit saint, loin de
croire utile à la religion du Christ de dissimuler
ou de pallier les torts de ses ministres, disaient
au contraire qu'il fallait les leur reprocher en
public, en présence de tous les fidèles, comme
moyen le plus efficace de corriger les uns et de
retenir les autres. *Peccantes presbyteros* CORAM
OMNIBUS ARGUE, *ut et cœteri timorem habeant,*
dit l'apôtre saint Paul, dans sa première épître à
Timothée, cap. v, vers. 20 (1).

La Légion-d'Honneur ne réclame pas l'impunité pour ses membres, elle les dégrade elle-
même.

Si, dans le nombre des faits signalés, il s'en
est trouvé qui ne fussent pas entièrement justi-

_____

(1) Le développement de cette règle apostolique qui dé-
voue à la censure publique les fautes des ministres de la religion, *peccantes presbyteros*, dans l'intérêt de la religion
même, *ut et cœteri timorem habeant*, se trouve dans ce passage où saint Bernard, le plus grand orateur du XIIe. siècle,
disait à ses contemporains, qui ne pouvaient lui pardonner
la franchise de son zèle · « Je montre *à nu* ce qu'on n'a pas
seulement le soin de cacher ; je ne découvre pas des fautes
humiliantes dont on rougirait, mais je m'élève contre des
désordres si publics qu'on n'en a pas même de honte. Plût à
Dieu que ces excès ne se commissent que dans les ténèbres !
Plût à Dieu que nous fussions seuls à voir et à entendre ce
qui fait le sujet de votre douleur ! Mais maintenant que des

fiés, c'est le sort commun de toutes les nouvelles annoncées par les journaux. Ils peuvent
avoir été mal informés, induïts en erreur, sur
quelques circonstances ; mais, d'ordinaire, ils les
rectifient, soit en publiant les réfutations qui leur
sont adressées, et dont on peut exiger d'eux l'in-
sertion, soit en se reprenant d'eux-mêmes lorsqu'ils sont mieux instruits, soit en faisant connaître l'issue d'une affaire dont ils avaient d'abord
signalé l'origine, et en tenant leurs lecteurs au
courant, soit des poursuites, s'il y en a eu, soit
de la décision, s'il en est intervenu quelqu'une
favorable ou contraire aux prévenus.

Autrement et si, pour de simples nouvelles, il
fallait avoir d'avance *la preuve légale* de tous les
on dit, la liberté de la presse périodique se ré-
duirait à celle dont jouissent le *Journal du Palais* et la *Gazette des Tribunaux*.

déréglemens visibles comme le soleil, nous rendent la fable
du monde, serons-nous les seuls à nous en taire? et ne se-
ra-ce pas une plus grande confusion encore d'avoir fait d'i-
nutiles efforts pour cacher ce qui ne saurait l'être? »

On peut encore lire avec intérêt, sur le même sujet, un
petit écrit dont les exemplaires sont devenus fort rares, ayant
pour titre : *Lettre de Mgr. l'évêque D****, à madame la du-
chesse de ***, sur cette question importante : S il est permis
d'exposer à la censure publique les excès dans lesquels tombent
les ministres de la religion?

L'auteur est le père Lambert, dominicain ; et il soutient
l'affirmative par une foule d'argumens décisifs tous pris de
l'interêt même de la religion.

C'est notamment ce qui est arrivé pour l'affaire de Nérac. La question n'était pas entre les
deux religions sur le fond et l'excellence de leurs
doctrines, mais sur un fait isolé qui, dans le
premier moment, avait été présenté comme une
violation du droit de propriété et une atteinte
grave au libre exercice des cultes. Bientôt des explications sont survenues; *le Constitutionnel* a-t-
il refusé de les admettre? non, Messieurs. M. l'a-
vocat-général vous l'a dit; mais en cela, il s'est
manifestement trompé. J'en appelle au journal
même que je tiens à la main. Dans le numéro
du 30 mai se trouve la lettre du ministre Jac-
quier, et il en résulte que si quelques détails,
dans lesquels *le Constitutionnel* était d'abord en-
tré, ne se sont pas trouvés *rigoureusement
exacts*, le fond n'en était pas moins vrai. « Oui,
» leur écrit le pasteur, les protestans de Nérac
» ont été dépossédés, comme vous le dites, *par
» acte arbitraire*, en vertu d'une décision émanée
» du conseil de préfecture.... Il est vrai, comme
» vous le dites encore, qu'un *Te Deum* a été
» chanté, mais ce n'est point dans le temple,
» *dont la possession est maintenue provisoire-
» ment aux réformés;* c'est dans l'intérieur de
» l'hospice. »
Dans son numéro du 4 juin, *le Constitutionnel*
discute avec mesure et sang-froid les assertions
de la lettre que M. le sous-préfet de Nérac avait
adressée à *la Quotidienne*. Plus tard encore (dans

son numéro du 4 juillet), *le Constitutionnel*, en
annonçant qu'il y avait pourvoi au conseil d'état
contre l'arrêté du conseil de préfecture, s'exprime
en ces termes : « M. le curé de Nérac ayant cru
» devoir réclamer personnellement contre un ar-
» ticle communiqué à notre journal, et inséré
» dans notre numéro du 3o mai, nous avons
» pensé que notre *impartialité* nous commandait
» de *mettre en même temps sous les yeux de nos*
» *lecteurs*, et la lettre que M. le curé Pouget a
» jugé à propos d'adresser à l'auteur de l'article,
» et la réponse qui lui a été faite. » Les deux lettres, formant deux colonnes en petit-texte, sont
effectivement dans le journal.

Maintenant, qu'a fait l'accusation? L'acte qui
la contient porte la date du 3o juillet; il est par
conséquent *postérieur* de près d'un mois aux dernières explications données par *le Constitutionnel;* et pourtant, ne tenant aucun compte de ces
rectifications apportées par le journal même, de
son propre mouvement, à son premier récit,
l'acte d'accusation n'incrimine que la première
nouvelle qui en a été donnée : il fait abstraction
de tout le reste. Que ce soit à dessein, je ne puis
le supposer; si c'est par inadvertance, il y a donc
eu bien peu de réflexion dans l'accusation ! Dans
tous les cas, Messieurs, il est évident que *le Constitutionnel* ne devait pas être accusé de *mauvaise
foi* par M. l'avocat-général. La mauvaise foi con-
siste à mentir sciemment, ou à dissimuler frau-

duleusement ; mais *le Constitutionnel* a raconté les faits avec sincérité, comme ils se sont présentés à lui, ne cherchant que la vérité, ouvrant également ses colonnes à l'attaque et à la défense. C'est donc bien à tort qu'on l'accuse d'avoir cherché à propager de fausses accusations.

Quant au reproche bien autrement général fait au *Constitutionnel* de travailler ainsi *à ruiner la religion*,.... je me contenterai de répondre qu'il n'est au pouvoir de personne de ruiner la religion du vrai Dieu. La religion de Jésus-Christ est éternelle comme son divin auteur, et les portes même de l'enfer ne prévaudront point contre elle.

Le seul mal qu'on puisse faire à la religion nous est indiqué par le célèbre historien de Thou, lorsque, dans ses Mémoires, il nous dit : « On est » assez malheureux de croire que la religion, » qui se fortifie par la foi, par la charité, et par » une parfaite confiance en la bonté de Dieu, ne » peut aujourd'hui se maintenir que par les con- » seils de la chair et du sang, par la brigue, par » la cabale, et *par les fausses vues de la politique.* ».

Mais c'en est assez, Messieurs, sur des imputations aussi vagues; venons à des griefs un peu mieux caractérisés.

*De l'intrusion des Ordres religieux dans l'État,
sans loi qui les autorise, ni ordonnance qui les
institue.*

Le réquisitoire renferme un pompeux éloge
de la vie monastique et des corporations religieuses. Si c'est là l'opinion personnelle de M. le
procureur-général, je n'ai point à le contredire
sur ce point. Je ne prétends rien rabattre de l'é-
loge des individus. J'ai visité, comme lui, les
trapistes, et j'ai admiré leurs austérités au delà
même de tout désir de les imiter. J'ai vu d'autres corporations religieuses vouées à l'instruction de la jeunesse, et dont les maisons sont te-
nues avec un ordre qui semble parfait, en
quelque grand nombre que soient leurs élèves.
Mais il ne s'agit pas, en présence de la cour, de
l'éloge qu'en tout état savent mériter quelques
pieux personnages considérés isolément; il s'agit
d'apprécier, aux yeux de la loi du monde, une
tout autre question, qui n'est plus de la religion, puisque les communautés ne sont pas de
son essence, mais qui est de la politique et de
la législation humaine, parce que les ordres religieux, comme institution, et faisant corps
dans l'état, sont du ressort de la puissance temporelle, sans la permission de laquelle elles ne
peuvent légalement ni s'introduire ni se fixer
dans le royaume.

Qui le croirait, cependant? l'acte d'accusation contient à ce sujet la proposition la plus fausse, la plus dangereuse, la plus subversive de l'ordre social et de la souveraineté : une proposition qui, émise par d'autres dont les intentions ne seraient pas aussi pures que le sont toujours celles d'un procureur-général, pourrait motiver une accusation « comme étant de nature à porter atteinte » à la paix publique, à l'autorité du roi, et à la » stabilité des institutions constitutionnelles (1).»

« N'est-il pas permis de faire ce que la loi ne » défend pas, dit l'acte d'accusation ? Si la loi ne » reconnaît pas les vœux perpétuels, elle ne dé- » nie pourtant à qui que ce soit le droit de » s'habiller comme il lui plaît, de régler l'em- » ploi de son temps à sa fantaisie, de prier Dieu » où il veut, et de se joindre à ses voisins ou » bien à ses amis pour le prier dans une mai- » son commune. »

Par conséquent (si ce raisonnement est vrai), il serait permis d'adopter un uniforme, de s'exercer à des heures fixes au maniement des armes, de se joindre pour cela *à ses voisins ou bien à ses amis*, et de se loger dans une même maison dont les murs seraient plus ou moins épais.

(1) Texte de l'article 3 de la loi du 17 mars 1822; le même en vertu duquel on poursuit le *Constitutionnel* pour *tendance*.

« Qu'importe que ces sociétés s'appellent des
» *couvens !* » dit le réquisitoire. — Qu'importe,
dirai-je à mon tour, que la maison s'appelle
caserne, *forteresse* ou *bastion!*

Non, non, il n'est pas vrai à ce point que
tout ce qui n'est pas littéralement défendu soit
par-là même autorisé de plein droit. Il est des
principes inhérens à la souveraineté, qui déri-
vent de son essence, et qui, à défaut de loi par-
ticulière, suffiraient pour détruire l'assertion
que je combats.

Cette assertion blesse notre droit public dans
ses premiers fondemens : et je la signale à la
cour, ne fût-ce que pour satisfaire à cette clause
de notre ancien serment, tel que nous l'a conservé Dumoulin : « Si dans une cause dont ils sont
chargés, les avocats remarquent quelque chose
qui intéresse la prérogative royale, ils en averti-
ront la cour » : *Advocati si viderint in aliquo tangi
jus regium, de hoc curiam admonebunt.* J'y insiste
d'ailleurs, parce que cette assertion a été mise
en avant pour couvrir le *but réel* de l'accusation;
elle en est l'âme ; les plus grands efforts sont
employés pour tâcher de l'établir ; c'est un essai
de la doctrine, assurément toute nouvelle, à
l'aide de laquelle on voudrait protéger l'intro-
duction ou le séjour en France, sans le contrôle
ni l'aveu de l'autorité légitime, de gens dont on
n'oserait pas prendre ouvertement le parti. Je
crois même que les intrus et leurs partisans

se consoleraient de voir le ministère perdre son procès de tendance , si l'on voulait leur concéder cette proposition du réquisitoire, *que pour continuer de subsister en France, ils n'ont besoin ni de loi qui les institue, ni d'ordonnance qui les admette.*

Je dis , au contraire , par opposition formelle à l'acte d'accusation , que dans tout état policé, aucune agrégation , congrégation , corporation, association , ordre , ou institut quelconque , ne peut se former valablement sans la permission expresse de l'autorité publique ; que toute coalition de ce genre , loin de pouvoir être protégée , devrait être recherchée et dissoute à la diligence du même magistrat qui nous poursuit.

Les lois romaines sont précises sur ce point : permettez-moi de vous en remettre le texte sous les yeux.... (1)

_____

(1) *Neque societas , neque collegium , neque hujusmodi corpus , passim omnibus haberi conceditur : nam et legibus et senatusconsultis ea res coercetur.* L. 1. ff. Quod cujusq. civitat. nomin. — *Mandatis principalibus præcipitur Præsidibus provinciarum, ne patiantur esse collegia sodalitia.* L. 1 ff. Collegiis et corporibus. —*In summâ, nisi ex senatusconsulti autoritate vel Cæsaris, collegium vel quodcumque tale corpus coïerit ; contra senatusconsultum et mandata collegium celebrat.* L. 3. § 1. ff. dict. tit. *Collegia si qua fuerint illicita , mandatis et constitutionibus dissolvuntur.* d. 1. 3. — Vide in Antiquit. Brissonii , lib. 1, cap. 14. *Collegia illicita , quibus legibus , senatusconsultis, constitutionibusque coerceantur.*

La disposition de ces lois a passé dans notre droit public. Domat, d'Aguesseau, Fevret, d'Héricourt, tous nos auteurs enfin posent, comme une règle invariable, qu'aucune assemblée, association ou corporation, ne peut avoir lieu ni se former dans le royaume sans la permission du souverain (1). Cela est vrai, même des assemblées, réunions ou correspondances non autorisées par la loi qui s'établiraient entre les fonctionnaires publics (2). La rigueur à cet égard est telle, qu'un conseil municipal de la plus petite commune rurale de France ne peut pas, sans une autorisation préalable de l'administration supérieure, s'assembler, ne fût-ce que dans l'objet, assurément bien peu propre à causer de l'om-

(1) DOMAT, Du droit public, liv. 1, tit 2, sect. 2, n°. 14. « Il est de l'ordre et de la police d'un etat, que toutes assemblées de plusieurs personnes en un corps, y soient illicites, à *cause du danger de celles qui pourraient avoir pour fin quelque entreprise contre le public.* Celles mêmes qui n'ont pour fin que de justes causes, ne peuvent se former sans une expresse approbation du souverain, sur la connaissance de l'utilité qui peut s'y trouver. Ce qui rend nécessaire l'usage des permissions d'établir des corps et communautés ecclésiastiques ou laïques, régulières, séculières, *et de toute autre sorte,* chapitres, universités, colléges, monastères, hôpitaux, corps de métiers, confréries, maisons de ville ou d'autres lieux, *et toutes autres qui rassemblent diverses personnes pour quelque usage que ce puisse être.* »

(2) D'Aguesseau, tom. IX, pag. 16, édit. in-4°. Code pénal de 1810, art. 123.

brage, de donner son approbation au choix d'un garde champêtre !

Les autres nations de l'Europe observent le même droit, témoin le déchaînement de la Sainte-Alliance contre les *associations secrètes*, les *francs-maçons*, les *illuminés* et les *carbonari*.

Vainement viendrait-on nous dire qu'il s'agit, dans notre espèce, de corporations *religieuses*. Le principe est le même ; il n'admet pas d'exception ; ou plutôt, disons qu'ici plus le masque serait respectable, plus grand serait le danger. Aussi tous les anciens canonistes sont-ils d'accord sur ce point, d'ailleurs consacré par plusieurs lois, par les réquisitoires des anciens magistrats et les arrêts du parlement, qu'en France toute association, réunion ou corporation religieuse, était réputée *illicite*, et comme telle *condamnée à se dissoudre*, si elle n'avait pas été préalablement autorisée par lettres-patentes du roi, dûment vérifiées et enregistrées (1).

Et dans l'état actuel de la législation il est si peu permis de se rassembler *avec ses voisins ou ses amis* dans une *maison commune*, même sous prétexte *d'y prier Dieu*, que le Code pénal, ar-

_____

(1) Autrement, il y a abus. FEVRET, Traité de l'abus, tom. I, pag. 89, pag. 91, deuxième colonne, pag. 97, colonne 1. D'HÉRICOURT, Droit ecclésiastique. Voyez les nombreux arrêts sur cette matière dans les *Preuves des Libertés de l'Église gallicane.*

ticle 294, punit d'amende « tout individu qui,
» sans la permission de l'autorité municipale,
» aura accordé ou consenti l'usage de sa maison ou
» de son appartement, en tout ou en partie, pour
» la réunion des membres d'une *association même*
» *autorisée*, ou *pour l'exercice d'un culte* (1). »

Qu'on cesse donc de nous dire, qu'en cette
matière tout ce qui n'est pas textuellement défendu est permis. D'abord, il y a défense expresse,
ainsi que l'on vient de le voir; ensuite, je répondrai avec l'apôtre, dont l'autorité devient grande
au milieu de ce procès : *Omnia mihi licent, sed
omnia non expediunt* (2).

« Eh quoi ! dit l'acte d'accusation, on peut se
» réunir, les théologiens (3) diraient pour pécher,
» tout le monde dira pour se livrer à des occu-
» pations frivoles et mondaines, et l'on ne pourra
» se réunir pour adorer Dieu ! Des sociétés de
» plaisir se forment sans opposition (des as-
» semblées de danses, de jeu, de spectacles, et
» même trop souvent de débauche), et il faudra

___

(1) Voyez dans le *Courrier Français* du 13 novembre, un
jugement récemment rendu par le tribunal de Saint-Étienne,
qui condamne à se dissoudre un rassemblement de bonnes
femmes qui se réunissaient pour lire l'Évangile à la manière
des Quakers:

(2) Epit. ad Corinth., VI, 12.

(3) C'est-à-dire casuistes.

» clore violemment des sociétés d'édification et
» de prières! »

Oui, certainement, il faudra les clore, si elles
ne sont pas légalement autorisées.....

Mais c'est dans le réquisitoire même que je lis
cette phrase judicieuse : « Les convenances en-
» seignent à ne pas mêler ce qui est saint à ce qui
» est profane :» et je gémis de trouver ici cette
règle violée.

Cependant je ne m'en tiendrai pas là, et je dis
que, même à part l'inconvenance d'argumenter
du profane au sacré, le raisonnement pèche en
fait et en droit.

En effet, chacun sait que, d'après l'article 291
du Code pénal, toutes les réunions, *même de
plaisir*, sont sujettes à inspection et visite, quand
elles comportent plus de vingt-un individus.

. C'est en vertu de cet article que l'on a poursuivi
la *Société des amis de la Presse*, quoique pré-
sidée par un duc et pair, qui offrait la double
garantie de son noble caractère, et de l'éminente
dignité dont il était revêtu.

Nulle académie, nulle société, fût-elle de simple lecture, voir même d'agriculture (ne fût-ce
que pour parler pommes-de-terre), ne peut s'ou-
vrir sans la permission de l'autorité.

Il en est de même, à plus forte raison, des
théâtres et représentations publiques quelconques,
sur lesquels le despotisme administratif plane avec

une telle rigueur, que les arrêts mêmes, paralysés par la toute-puissance des conflits, n'ont pu protéger avec efficacité le droit des actionnaires (1).

Telles sont les maximes de l'administration, et le fait de leur rigoureuse observation ne saurait être contesté.

La conséquence de cette démonstration est donc que le *Constitutionnel* a pu, sans que l'on soit fondé à lui en faire aucun reproche, s'élever contre l'intrusion de toute agrégation, même religieuse, non autorisée par les lois du royaume. Ces agrégations n'ayant pas d'existence légale, aucune loi n'a pu et ne peut les protéger contre le reproche d'usurpation. Si l'on attend de si merveilleux résultats de leur coopération à une œuvre quelconque, qu'on les rétablisse au grand jour, par une loi, et qu'ensuite une ordonnance les autorise. Jusque-là le *Constitutionnel* a pu en dire tout ce qu'il a voulu. En cela, ce journal n'a point troublé l'ordre public : il l'a défendu ; et ceux dont il a dénoncé l'*irreption* en France ne peuvent pas dire qu'en leur manquant de respect il a manqué de respect à la religion ; car ils ne sont pas la reli-

(1) Quant aux *jeux publics* dont parle avec douleur M. le procureur-général, il sait bien que chaque année, à l'occasion du budget, l'opposition n'a cessé d'en provoquer la fermeture. Mais il sait bien aussi que si on ne les ferme pas, c'est que les exploitans ont en main, pour se défendre, un bail signé par M. le président du conseil général du département de la Seine.

gion; *ils ne font même pas régulièrement partie du clergé français*; et ce sont eux, au contraire, qui ont *péché* en cherchant, de leur autorité privée, à se soustraire à la sainte autorité des lois.

Mais, dira-t-on, l'on vous accorde tout cela. M. l'avocat-général ne vous a-t-il pas dit nettement qu'on pouvait en toute liberté parler pour ou contre telle ou telle société, et attaquer l'ultramontanisme ?....

M. l'avocat-général nous accorde cette liberté, mais M. le procureur-général nous la refuse; mais M. l'avocat-général ne l'accorde qu'avec *restriction*; il concède le principe, mais il en retient pour lui les conséquences. En effet, la concession n'est pas autre chose elle-même que l'erreur que je combats. En permettant la controverse, elle suppose que l'intrusion des corporations non autorisées peut se soutenir aussi bien qu'être combattue : il la range ainsi parmi les *opinions probables* : tandis que je la place au rang des maximes les plus pernicieuses au salut de l'état.

J'ai donc besoin de plus en plus de bien assurer mes prémisses. Un peu de patience, ceci est important.

Je reviens donc à l'acte d'accusation.

M. le procureur-général s'est fait cette question : « *De quel droit* le Constitutionnel et le » *Courrier* veulent-ils contraindre les religieux

» de la Trappe, de la doctrine et de la charité.....
» à aller leur demander ce qu'ils doivent faire,
» avec qui ils doivent vivre, et où ils doivent
» demeurer? N'est-ce pas le propre des gouver-
» nemens libres, qu'en tout ce qui ne blesse ni
» la loi, ni l'intérêt d'autrui, chacun puisse faire
» son bien-être à sa manière? Mais ici même on
» sort des limites de la question. Il ne s'agit plus
» d'une thèse religieuse. L'existence des couvens,
» avec la liberté d'en sortir, est-elle prohibée,
», est-elle un mal social? »

Est-ce un *mal* social? Je répondrai, oui et
non, au choix de M. le procureur-général. En
effet, il convient lui-même que ceci *sort des li-*
mites de la question, et qu'il *ne s'agit plus*
d'une thèse religieuse.

Eh bien! *ex concessis*, en traitant cette thèse
pour ou contre, librement enfin, *le Constitu-*
tionnel ne peut donc pas être accusé de *ten-*
dance à porter atteinte au respect dû à la religion.

C'est une question, soit. Les avis seront donc
partagés. Les uns penseront, avec M. le procureur-général, que le rétablissement des couvens,
comme il les entend, est un bien social; d'autres
bons esprits estimeront le contraire. La controverse est permise, on peut même dire qu'elle est
ouverte; car déjà, par deux fois, un projet de
loi a été présenté pour le rétablissement des
communautés (non pas d'hommes, car il n'en a
pas encore été question devant les chambres),

mais des simples communautés de femmes, et deux fois ces projets ont été rejetés.

En attendant la troisième tentative, les corporations religieuses sont-elles *prohibées* ? Oui ; car une seule loi existe, celle qui a fermé les couvens : et si ceux avec lesquels M. le procureur-général fait des vœux pour voir cette *loi changée* ne sont pas réputés coupables de tendance, quoique cependant leur intrusion non autorisée *blesse évidemment la loi existante*;... comment *le Constitutionnel*, qui n'a fait que défendre cette loi, et qui n'a parlé que son langage, ne serait-il pas à l'abri de toute accusation?

Pour appuyer la thèse qu'il a entrepris de soutenir, M. le procureur-général emprunte de nouveau des argumens et des exemples à la *philosophie* païenne , aux *anciennes religions*, à *Eleusis*, à *Memphis* ; il fait l'éloge du *désert* si utile *pour les plaisirs du cœur, et pour calmer les imaginations ardentes.....!*

Je ne répéterai pas la réponse que j'ai déjà faite deux fois à ce genre d'argumentation. Je ne veux pas non plus disputer des goûts et de l'utilité dont peut être le désert pour ces imaginations ardentes qui gênent la société, ou qui s'y trouvent mal à leur aise ; et de certain goût pour la retraite , qui en général n'est pas celui des fonctionnaires publics; je me réduis à ce point de droit : *Vous convenez que ceci n'est pas une thèse religieuse, et sort des limites de la*

question. Pourquoi dites-vous donc, en vous ré-
sumant, que « ce n'est pas seulement *impiété,*
» mais *atteinte à l'intérêt social,* de chercher à
» flétrir ces salutaires institutions? » — Ce ne
sont pas des *institutions* tant qu'elles n'auront
pas été instituées par la loi; en attendant, il
reste au moins douteux qu'elles fussent *salutaires,* puisque les avis sont partagés : chacun demeure donc libre de dire le sien , *in dubiis li-
bertas* (1).

J'insiste profondément sur ce point , parce
que , je ne puis trop le redire, c'est un des plus
importans de l'accusation. M. le procureur-général a mis le plus grand soin à le traiter, parce
qu'il en fait découler une partie de ses griefs.
En détruisant radicalement sa proposition, je
n'aurai plus qu'à en tirer les conséquences dans
ma plaidoirie.

M. le procureur-général entreprend de réfuter
deux objections dont « l'esprit de parti, dit-il,
» s'est surtout armé contre les institutions reli-
» gieuses. A l'en croire (continue l'accusateur),
» toutes sont dévorées d'une ambition mons-
» trueuse; toutes veulent faire irruption dans la
» politique , tyranniser les consciences et le
» gouvernement lui-même. A l'en croire, toutes

---

(1) Épigraphe des *Conférences sur la Religion* , par
M. Frayssinous.

» ne respirent qu'ultramontanisme et destruc-
» tion des libertés de l'église gallicane. »

Le Constitutionnel aurait pu dire tout cela
dans les mêmes termes, et sans qu'on pût le trouver mauvais. Ce seraient deux raisons pour la né-
gative sur la question dont M. le procureur-général
soutient l'affirmative, en la regardant comme la
plus *probable;* mais qu'il convient n'être point
une thèse religieuse, et qui dès lors sort des limites d'une accusation dont le prétexte est tout
religieux.

Mais *le Constitutionnel* peut faire des réponses plus directes.

1°. Il n'a pas dit que toutes les institutions religieuses voulussent faire *irruption dans la politique.* En a-t-il accusé les Bénédictins, les Orato-
riens, ou les modestes Sulpiciens ? en a-t-il accusé
ces excellentes sœurs de la Charité, si dignes du
beau nom qu'elles portent par la manière dont elles
savent le justifier ? et ces généreuses sœurs de
Sainte-Camille dont l'héroïque dévouement pendant la peste de Barcelonne n'a été célébré nulle
part ailleurs avec plus d'exaltation que dans *le
Constitutionnel ?*

S'il a reproché à quelque institution de vouloir faire irruption dans la politique, et cerner
le gouvernement, il ne l'a dit que d'*une seule,*
la seule pourtant que le réquisitoire n'ait pas
cru opportun de nommer...., et qui ne s'y trouve
in petto.... que sous un *et cœtera!...* Le réquisi-

toire ne l'a pas nommée, parce que ce nom seul, prononcé avec prédilection par le ministère public, eût établi la dissidence la plus marquée entre l'accusation actuelle et tous les réquisitoires, comme tous les arrêts de l'ancienne magistrature! Mais ce nom n'en est pas moins partie au procès; ceux qu'il désigne sont présens à toutes les pensées, comme ces grandes images que cherchaient les yeux des Romains aux funérailles de Junie (1)!

2°. M. le procureur-général, sachant bien, sans doute, de qui il voulait parler, avoue qu'il peut bien arriver « qu'au sein de quelques-unes » de ces institutions saintes, il se glisse des profa- » nes; que quelques intérêts du siècle se cou- » vrent du manteau respectable de la piété pour » servir des ambitions isolées; que quelques es- » prits extrêmes, ou peu éclairés, s'exagèrent la » soumission due, dans des limites si bien con- » nues, au chef de l'Église. *Qui le nie?* »

Eh bien! si personne ne le nie, il faut se désister de l'accusation en ce chef, car *le Constitutionnel* n'a pas dit autre chose, et les concessions que fait l'acte d'accusation justifient pleinement tout ce qu'a dit le journal sur les empiétemens dont la religion était le prétexte. Il n'a pas dit, en effet, que *la religion* fût ultramon-

_____

(1) *Sed præfulgebant. . eo ipso quod effigies corum non visebantur.* TACIT., *Annal.*, lib III, *in fine.*

taine, mais seulement que *certains hommes* étaient ultramontains; et comme c'est apparemment dans le seul intérêt de la religion qu'on agit, et non dans l'intérêt de ces hommes profanes *qui se couvrent du manteau respectable de la piété pour servir des ambitions isolées*, de ces *esprits extrêmes qui s'exagèrent la soumission due au chef de l'Église*, il faut bien avouer que la religion est désintéressée dans ces reproches. Qu'est-ce donc, Messieurs ? — C'est uniquement la thèse des libertés de l'église gallicane, cette thèse honorable et sacrée, défendue par tout ce que nous avons eu de grands hommes, et qu'il s'agit de défendre encore aujourd'hui.

Mais, dit l'accusation, « avec cette conces-» sion même, faite par la bonne foi, quel si » grand danger en pourrait-il naître ?.... »

Quel si grand danger, M. le procureur-général ? Tout le danger d'autrefois : celui que tous vos prédécesseurs sans exception ont si bien entrevu, si attentivement surveillé, si habile-ment conjuré ; celui de voir détruire l'indépendance de la Couronne et la liberté légitime des sujets!

Bon pour autrefois, dites-vous, mais aujourd'hui, « surtout dans l'état actuel de l'opinion » religieuse ! c'est l'athéisme, c'est le matéria-» lisme qu'il faut combattre ! ces deux grands » dissolvans..... » — *Milord, vous ne répondez*

pas , disait Marie Stuart à l'un des juges qui
l'accusaient de *tendance* à pousser au papisme...
Où sont-ils ces *athées,* ces *matérialistes ?* qui les
représente ici ? qui voudrait les défendre ? et
quant à ces expressions de dédain , *surtout dans*
l'état actuel de l'opinion religieuse, quel sens y
attachez-vous ? Prétendez-vous par-là ramener
la thèse imprudente et déjà trop ébruitée , de
l'indifférence en matière de religion ? Ah ! ne
faites pas cette injure à notre nation de la croire
indifférente sur ce point le plus important de
tous ! C'est à nous qu'il appartient de le dire ,
nous qui, étrangers à la révolution dans ce qu'elle
eut de sang et d'excès (1), voulons seulement n'en
pas laisser perdre le bien que la Providence en
a fait sortir : loin de diminuer en France, le sentiment religieux n'a fait que renaître et s'enra-
ciner plus profondément dans nos cœurs depuis
le jour mémorable qui vit, au milieu de nous,
se relever les autels ! J'en atteste l'affluence de
mes contemporains à ces célèbres conférences

_____

(1) Je veux m'appuyer ici des expressions mêmes de M. Bellart, dans le célèbre *Plaidoyer* où il s'écriait avec une éloquence bien supérieure à la mienne « Nous, *enfans adoptifs*
» *de la révolution,* nous qui n'avons vu subir à aucun des
» nôtres ni proscription, ni exil, sachons apprécier le bon-
» heur de pouvoir, *au sein d'une patrie sortie d'esclavage,*
» goûter à la fois les généreuses jouissances que donne la
» *liberté,* etc. » Plaidoyer de M. BELLART, avocat, pour ma-
demoiselle Adélaïde de Cicé, p. 136. .

de St.-Sulpice, où la controverse gardait tant
de mesure, et par-là même produisait tant de
conviction ! Ces édifices sacrés réparés à tant
de frais dans nos villes et dans nos campagnes !
et l'amour des fidèles pour ces vieux pasteurs qui
vivifient les leçons de l'Évangile par les œuvres
de la charité ! Ah ! parle qui voudra de notre
indifférence en matière de religion : je la nie
comme une insulte à la piété du peuple français !

On emploie fréquemment un argument dont il
importe de se défier. Si l'on allègue l'exemple du
passé, et le zèle avec lequel nos ancêtres ont défendu les libertés de notre Église, on nous dit :
Ah ! quelle différence ! alors on était pieux ; alors
il n'y avait pas de danger pour la religion !

Mais de quel temps entend parler l'accusation ?
On peut assigner quatre époques principales à
l'état de la religion en France : la barbarie de
Clovis, le fanatisme de la ligue, l'hypocrisie qui,
sous Louis XIV, suivit la révocation de l'édit de
Nantes et les dragonnades ; la philosophie anti-re-
ligieuse et le libertinage qui infestèrent le règne
de Louis XV. Voilà notre histoire ancienne.

Aujourd'hui, au contraire, instruits par le
passé, revenus de tous les excès, nous en crai-
gnons seulement le retour. Les mœurs sont plus
pures à la Ville et même à la Cour : la religion est
partout en honneur, et le public accueillerait mal
les déclamations de l'impiété. Jamais en France
on ne vit un sentiment religieux plus géné-

ral, plus profond, mais aussi plus éclairé. Oui,
nous voulons la religion de nos pères ! nous la
voulons fortement ; mais telle que Dieu l'a faite,
telle que les vrais ministres de l'Église gallicane
l'ont toujours enseignée : la religion de Bossuet,
de Fénélon et de Pascal, avec ses grâces et ses
libertés aujourd'hui menacées.

Vaines terreurs ! dit le magistrat accusateur :
« On veut par-là donner le change aux esprits
» crédules. Que ceux-ci se rassurent. S'il était
» vrai que des *actes matériels* se produisissent
» jamais pour soumettre le sceptre à l'encensoir ;
» si jamais, ce que, grâce à Dieu, *rien ne pré-*
» *sage*, la dignité de la couronne devenait l'objet
» d'entreprises qui n'en seraient pas moins cou-
» pables pour être qualifiées de religieuses, la
» résistance ne se ferait pas long-temps attendre ;
» on verrait que l'esprit de la vieille magistrature
» n'est pas éteint dans la nouvelle. »

Mon vœu le plus cher est qu'il s'y ranime tout
entier. Mais de quoi se composait la vigilance de
ces anciens magistrats, l'honneur de la France ?
attendaient-ils que le mal fût arrivé à son comble
pour y porter secours, et que le feu eût éclaté de
toutes parts avant de couper l'incendie ?

Que dirait-on d'un ministre de la guerre qui
raisonnerait ainsi : « Nous sommes en paix avec
» tous nos voisins ; plusieurs même, Dieu merci,
» se disent nos alliés. En conséquence j'ai donné
» ordre de ne plus fermer désormais les portes

» des places frontières, de retirer les sentinelles
» et de désarmer les remparts. » On lui répon-
drait avec raison 'que pour vivre long-temps en
paix, il faut se tenir toujours prêt à la guerre.
Chacun se dit ami ; mais fou qui s'y repose. Il
faut donc craindre perpétuellement les surprises,
surtout avec un ennemi rusé, accoutumé à rom-
pre les trèves, et qui ne sut jamais respecter les
traités. Les limites sont connues ; mais bientôt
elles seraient franchies, si l'on n'y faisait bonne
garde. .

Messieurs, il en est de même de la surveillance
de nos libertés. Ne méritons pas ce reproche qu'un
de nos poëtes adresse à l'imprévoyance :

Nous ne croyons le mal que quand il est venu

Lorsqu'une fois les institutions sont minées,
les positions prises, le gouvernement débordé par
une faction qui compte un grand nombre d'agrégés,
il suffit plus tard d'arborer un drapeau, et toute
résistance devient périlleuse, si même elle ne
devient superflue. Montaigne a raison : « Il y a
» plus loin de rien à la plus petite chose, que
» de celle-là à la plus grande. » *Laissez-leur prendre un pied chez vous*, dit le bon homme, *ils en
auront bientôt pris quatre*. Usons donc de pré-
voyance, et n'oublions pas cette maxime sanitaire,
applicable aussi à l'hygiène des gouvernemens,
principiis obsta, serò medicina paratur.

Telle était la vigilance des anciens magistrats; ils criaient *qui vive!* à ceux à qui l'on présente aujourd'hui les armes.

Mais, dites-vous, *il faudrait que des actes matériels et positifs se produisissent.*

Alors soyez donc conséquent. S'il vous faut des actes *matériels* et du *positif* pour vous croire en droit de réprimer les uns, pourquoi ce procès de *simple tendance* contre les autres? Si vous n'osez pas encore arrêter les écrits de ceux qui professent la tendance à usurper le pouvoir temporel et à ruiner nos libertés, pourquoi, dès à présent, poursuivre avec tant d'ardeur ceux dont l'unique tendance est de s'opposer à ces usurpations, en vous signalant, jour par jour, tous les faits qui en révèlent l'existence?

Suivant vous, « les libertés de l'Église gallicane » ne sont pas en danger, même quand quelques » rêveurs ascétiques se proposeraient d'y porter » des atteintes. »

Rêveurs soit : lisez cependant leurs écrits; lisez leurs gazettes, dans lesquelles Bossuet lui-même, lorsqu'il cherche à garantir le trône de France des attentats de la tiare, est taxé d'hérésie; lisez aussi M. de Montlosier qui, pendant quelques jours, est venu à Paris prêter au *Drapeau blanc* l'arrière-ban de son indépendance; voyez ce qu'il dit du parti qu'il désigne sous le nom de *parti ardent religieux*..... Pesez bien ces trois mots qui , par leur alliance , se prètent tant d'énergie : *parti !... ardent !!... religieux !!!...* et ensuite, si , réflexion mûrement apportée , vous croyez encore devoir pardonner à ces *rêveurs as-cétiques* qui s'exercent à prêcher les doctrines de l'ultramontanisme , et méditent ainsi le renversement de nos libertés ; soyez égal pour tous , et n'accusez pas avec tant d'empressement ces *rê-veurs politiques* qui s'exagèrent peut-être le danger de notre situation , *omnia tuta timentes ;* mais enfin qui ne s'élèvent que pour le combattre dans l'intérêt de la religion et de la patrie !

C'est précisément parce que vous vous réservez comme magistrats pour le moment où se produiront des *actes matériels ,* qu'il faut laisser aux journaux , à la décharge de votre quiétisme , une petite guerre dont le gouvernement n'entend pas se charger.

Mais vous niez leur compétence et vous en appelez à d'autres organes : au clergé de France et aux vénérables débris de l'ancienne Sorbonne.

— Ah ! sans doute, pour reprendre ici vos paroles , elles ne sont pas toutes éteintes les lumières de l'Église de France ! Le journal que je défends n'a jamais manqué de le proclamer. L'archevêque de Paris, l'évêque de Beauvais, d'autres prélats encore (1) ont trouvé chez lui d'équitables apo-

(1) Il est de mon devoir de nommer M. l'évêque de Ne-

logistes, et pour la douce charité qui anime leurs mandemens, et pour leurs belles actions publiques ou privées ; mais principalement occupé de bonnes œuvres , livré aux fonctions assidues du saint ministère , il est une querelle de plume dont le clergé ne peut pas habituellement se charger en présence du public.

La Sorbonne , je le crois aussi, ne sera pas infidèle à ses précédens : elle produira encore d'illustres et courageux défenseurs des libertés de notre Église (1). Mais ces vénérables débris, où sont-ils ? et n'est-il pas à craindre que reprenant une vieille idée pour l'adapter à une organisation toute nouvelle, on n'y fasse entrer tant de cordeliers, tant de cordeliers, qu'à la fin la majorité leur demeure ?....

Quelque confiance toutefois que méritent ces futurs champions de nos libertés, est-il donc vrai que nul n'ait le droit de partager avec eux l'honneur de les défendre ?

Messieurs, ceci est de doctrine et nous intéresse tous. Je dis que le dépôt de ces libertés n'est pas seulement confié aux clercs, aux canonistes

---

ʃois, qui joint tant d'habileté dans les lettres à la pratique de toutes les vertus de l'apostolat , et qui, dans ses visites pastorales dans les montagnes de la Nièvre, a laissé les plus touchans souvenirs de sa douceur évangélique et de son iné= puisable charité.

(1) Tels que Arnault, Louis-Elies Dupin, et tant d'autres.

de profession , et à ceux que le bon archevêque
de Toulouse a nommés si plaisamment *les savans
du Conseil d'État* : ce dépôt est confié en commun à tous les membres de l'Église gallicane (1);
et il n'en est aucun, même parmi les simples fidèles, à qui l'on puisse dénier le droit de parler
sur des matières qui intéressent aussi essentiellement sa conscience et son repos !

Avons-nous donc les garanties d'autrefois?

Vous parlez de la *Sorbonne*? Et de quels poids
seront les décrets intérieurs de ce sénat de doc-
trinaires, contre les troubles apportés aux consciences par les refus de sacremens, ou les désordres introduits dans l'état par la confusion des
pouvoirs ?

Et l'*Université*, jadis si vive gardienne de nos

_____

(1) « Il ne faut pas s'imaginer que les ecclésiastiques français composent seuls tout le corps de l'Église gallicane. Toute
la France, c'est-à-dire tous les catholiques français composent tous ensemble le corps de cette Église. » Dupuy.—Longè
à proposito aberrant (dit *un autre archevêque de Toulouse*,
le célèbre Marca), qui Ecclesiam gallicanam clero coërcent;
latior est illius significatio, quæ laïcos ipsumque regem com-
prehendit. Cap. 1, tit. 2. De concordiâ sacerdotii et imperii,
— Voyez parmi les *Preuves des libertés de l'Église gallicane*,
t. I, p. 108, n°. 17, édit. de 1651, une pièce très-curieuse,
intitulée : *Supplication du peuple de France au Roi contre
le pape Boniface VIII.*

libertés (1), aujourd'hui peu agissante, déjà menacée, et, comme toutes nos autres institutions, dépourvue de vigueur, parce qu'elle est dépourvue de garanties et par-là même de stabilité !

Les *appels comme d'abus*, pour redevenir efficaces, attendent, je l'ai déjà dit, que vous en soyez les juges. On y reviendra; le mal ramènera l'emploi du remède : mais il vaudrait mieux y revenir par les principes que par les excès.

En attendant, il ne reste que la liberté de la presse, et l'on vous propose de l'étouffer ! On vous le propose au nom de la religion, quand elle défend les libertés de l'Église gallicane! au nom du pouvoir, quand elle lui donne d'utiles avertissemens, et quand elle seule peut-être est capable de le préserver !....

Mais, il est temps de conclure. J'avais à discuter un point important comme principe : *l'intrusion des associations religieuses non autorisées par la loi.*

En traitant cette partie de ma cause, je n'ai

---

(1) De faibles vers, mais bien anciens, attestent cette sollicitude de la fille aînée de nos rois :

> Si n'estoit la bonne garde
> De l'Université qui garde
> La clef de la chrestienté,
> Tout eust été bien tourmenté.

(JEAN DE MEUN, roman de *la Rose*.)

pas seulement défendu mes cliens : j'ai ressaisi
l'offensive, et j'ai prouvé contre l'acte d'accusation :

1°. Que, dans l'état actuel de la législation, ces
associations sont *défendues*;

2°. Que lors même qu'il serait utile d'en rétablir quelques-unes, jusque-là leur apparition est
illégale, contraire au *droit public* du royaume,
au *bon ordre*, à la *souveraineté du roi*, et à tous
nos *précédens*;

3°. Qu'en combattant l'esprit dont on suppose
que l'une, ou quelques-unes de ces institutions
sont animées, en attaquant la personne ou les actes de quelques-uns de leurs membres, on n'a pas
attaqué la religion de l'état, mais défendu les
saines doctrines de l'Église gallicane.

De quelques Ordres religieux nommés *dans l'acte
d'accusation.*

Ces solutions une fois obtenues,, je n'ai plus
qu'à m'expliquer rapidement sur les divers ordres religieux auxquels on prétend que *le Constitutionnel* a manqué de respect.

Une première réflexion se présente : puisque
la loi ne reconnaît pas les associations religieuses, à quel titre le ministère public, organe
habituel de la loi, voudrait-il donc les venger?
On ne le voit pas. Non-seulement des moines ou

des congréganistes sont une chose fort distincte
de la religion, mais ils ne font pas même légalement partie du clergé.

Voyons cependant. En parlant des moines et
des ordres religieux en général, *le Constitutionnel* a dit que « les moines sont des oisifs qui ne
produisent rien, et qui ne se reproduisent pas
eux-mêmes. » (Rire dans l'auditoire.)

Mᵉ. Dupin, se retournant vers le public : Paix
donc, Messieurs! Ce qui vous paraît ridicule est
plus sérieux que vous ne pensez.—Et voilà, reprend l'orateur, ce que vous appelez attaquer la
religion! Boileau aussi a dit des chanoines que
nourrissait la Sainte-Chapelle de ce palais :

> Ses chanoines vermeils et brillans de santé
> S'engraissaient d'une longue et sainte *oisiveté*.

Qu'en est-il arrivé? Le premier président, *Chré-
tien* DE LAMOIGNON, a accepté la dédicace du poëme ;
le procureur-général du grand Roi n'en a pas poursuivi l'auteur ; et le clergé, sans rancune, n'a pas
fait difficulté d'enterrer Boileau dans la Sainte-
Chapelle, précisément sous le lutrin qu'il avait
chanté.

Quant aux reproches faits aux moines de ne pas
se reproduire, pouvait-on dire autrement sans
les offenser? Cela n'exprime d'ailleurs rien autre
chose qu'une cause de dépopulation, souvent
alléguée contre le trop grand nombre de moines

dans un état. Voyez la triste Espagne... elle en est couverte (1).

Après avoir essayé de venger les moines *in genere*, l'acte d'accusation vient aux spécifications.

Il en nomme *plusieurs*, et termine l'énumération par un *et cætera* qui peut laisser à penser à nos juges, et dont je puis, dont je dois même, par cette raison, demander la signification. Dans un procès, on ne donne pas une assignation au nom de MM. *et cætera*; on doit nommer tous les demandeurs. Je veux aussi que l'on me fasse connaître d'une manière précise tous mes antagonistes, afin que je puisse les combattre à découvert.

(1) Pourquoi chercher querelle au *Constitutionnel* pour d'aussi minces reproches adressés aux moines, lorsqu'on laisse en repos d'autres journaux qui leur ont lancé les traits d'une ironie bien autrement piquante? Ouvrez *le Drapeau blanc* du 28 septembre dernier, page 2, 1re. colonne, en tête de l'article *Paris*, vous y lirez ceci : « Superbe monument de la grandeur de nos rois (s'écriait un bel-esprit du XVIIIe. siècle au milieu de la cour du Louvre), si vous eussiez appartenu à l'un des *quatre Ordres mendians*, et qu'ils vous eût destiné au logement de son Général, il y a long-temps que vous seriez achevé ! » et le pieux journal ajoute : « Cette exclamation trouverait *encore aujourd'hui* sa place. » La liberté de la presse comporte donc une certaine extension pour les journaux du ministère ! Pourquoi n'existerait-elle pas également pour ceux de l'opposition ?

En attendant les explications que j'appelle sur
ce point hautement et sans *restriction*, occupons-
nous des diverses congrégations que le ministère
public n'a pas craint d'appeler par leur nom.

Il nomme d'abord les *trappistes*, dont je ne sache pas que *le Constitutionnel* ait dit aucun mal.
Seulement dans des articles déjà anciens, et qui
ne sont même pas compris dans les annexes du
réquisitoire, il a pu se récrier sur l'excès de
leurs austérités, qui semblent dépasser les forces
de la nature humaine; mais cette remarque,
toute physiologique, n'a rien qui porte atteinte
au respect dû à la religion, attendu que l'institut des trappistes n'est pas de la religion : c'est
tout au plus de l'extrême dévotion.

« Un *franciscain* paraît-il dans une ville, dit
» le réquisitoire, toute la ville est choquée du
» spectacle *grotesque* que lui offre ce capucin *sale*
» *et barbu*. »

Ici, c'est vraiment le réquisitoire qui fait rire
aux dépens du capucin. Beaucoup moins piquant
pour l'expression, *le Constitutionnel* excite seulement la pitié, en racontant comment le pauvre
frère marchait les pieds *nus et fort sales*. En
conscience, pouvait-il dire : *propre comme un
capucin*? Tout le monde ne lui eût-il pas répondu par les deux proverbes que l'ancien régime nous a légués sur la barbe et la saleté des
capucins? Cependant, je le dirai, on a tort de
rire, même d'un capucin; mais, reprenant le

langage légal, lorsqu'on veut transférer ce rire au délit, je demanderai ce que sont les capucins aux yeux d'une législation qui ne les reconnaît pas? et si le froc dont il leur plaît de se revêtir est sacré à tel point, que rire d'un spectacle que le réquisitoire seul a nommé *grotesque* puisse être transformé en une attaque contre la religion?

Les *ignorantins*.... (ceci devient plus sérieux) occupent le troisième rang dans le réquisitoire. On reproche au *Constitutionnel de prendre au mot l'humilité des frères.* Si c'est par humilité qu'ils prennent ce nom, il y aurait de l'orgueil de leur part à le recevoir comme une injure. D'ailleurs, c'est le nom qui leur convient, si, comme le prétend l'acte d'accusation, « ils se font une loi de ne pas avoir plus de science qu'ils n'ont besoin d'en transmettre à leurs élèves pour le bonheur de ceux-ci. » Erreur, à mon avis! car un homme ne peut jamais se dépouiller de toute sa science, si petite qu'elle soit, au profit de son élève; et pour bien enseigner les plus petites choses, il est quelquefois indispensable de posséder des connaissances plus relevées. Est-il donc défendu au maître, quelque habile qu'il soit, de proportionner son enseignement à la faiblesse de son élève, et de se rapetisser pour se mettre à la portée de l'enfance, à l'exemple d'Élisée, lorsqu'il voulut rappeler à la vie le fils de la Sunamite?

Mais ici, Messieurs, les ignorantins ne figurent que par métonymie. Une autre thèse est cachée sous ce mot. Vous savez qu'il y a deux méthodes d'enseignement : la nouvelle, connue sous le nom d'enseignement mutuel, et l'ancienne...... dont vous n'avez sans doute pas perdu le douloureux souvenir.... L'une a pour partisans, continue M'. Dupin, tous ceux qui veulent répandre chez le peuple un enseignement raisonné, prompt, facile et peu coûteux; l'autre, ceux-là en petit nombre, mais pour l'instant les plus influens, qui, soi-disant *pour le bonheur de la démocratie* (expression du réquisitoire), veulent que l'enseignement du peuple soit lent et lourd, pénible et presque rebutant. Chacun rattache son système à des opinions politiques, et c'est pour cela que la rivalité s'est manifestée là où n'aurait dû se montrer que l'émulation.

Le Constitutionnel soutient la thèse, à mon sentiment, la plus vraie : que l'instruction corrige les mauvais penchans (1); que les peuples les plus instruits sont aussi les plus moraux et par conséquent les plus heureux. Il n'accuse pas, comme

(1) Les confesseurs de bonne foi avouent que dans tel faubourg de Paris où, il y a plusieurs années, régnaient en grand nombre les vices les plus honteux, on remarque une amélioration sensible, due à la propagation de l'enseignement. Les enfans un peu instruits reprennent les défauts de leurs père et mère, et ceux-ci s'adonnent moins à la vie crapuleuse dont leurs enfans, moins ignorans qu'eux, leur apprennent à rougir.

on le prétend, les prêtres d'être *les ennemis de
la civilisation;* qui ne sait, au contraire, que
c'est au clergé de l'Église romaine que l Europe a
dû la sienne ? remplissant en cela la noble mission qui lui fut donnée : *Docete omnes gentes.*
Mais *le Constitutionnel* a attaqué restrictivement
le système étroit des individus, prêtres ou laïcs,
qui se montrent opposés à l'instruction primaire,
et qui, s'il prévaut, nous réduira bientôt à ne
pouvoir trouver dans nos campagnes ni un valet
qui sache lire, ni un garde-forestier qui puisse
rédiger lui-même ses procès verbaux ; époque unique dans l'histoire du monde, disposition inouïe
dans les annales de notre civilisation, désir inex-
plicable d'arrêter dans leur marche les progrès de
l'esprit humain ! système préconisé et accrédité
par quelques hommes tenaces et passionnés, qu'un
de nos poëtes les plus spirituels a si bien dépeints
en disant d'eux :

Au char de la raison s'attelant par derrière .. .

(Ici la mémoire de l'orateur paraît hésiter nn
instant ; aussitôt une foule de voix lui soufflent
le second vers :

Veulent à reculons l'enfoncer dans l'ornière.

Cela ne m'étonne pas, reprend Mᵉ. Dupin ;
car ces deux vers sont dans toutes les mémoires.
(On rit.)

Mais, de bonne foi, continue l'avocat, la reli-

gion de l'état est-elle en cause dans ce débat?
N'est-ce pas une pure question d'économie politique? et quelques railleries contre les ignorantins et leurs partisans, comme étant les héros de
l'enseignement stationnaire, vous paraîtront-elles
constituer une tendance de nature à porter atteinte au respect dû à la religion de l'état? Ce serait faire que ce respect tînt à bien peu de
chose, tandis qu'il est le plus fort et le plus profond de tous les sentimens.

Ah! disons-le plutôt avec de vénérables ecclésiastiques dont nous ferons entendre ici le touchant langage: « Quelle douleur de voir une par-
» tie des catholiques, par un zèle malentendu, se
» ranger en quelque sorte sous la bannière de
» l'empereur apostat qui, pour porter le coup
» fatal à la religion naissante du Christ, résolut
» d'exclure les chrétiens des écoles publiques,
» afin que, privés d'instruction et restés station-
» naires au milieu de la progression intellec-
» tuelle, ils devinssent l'objet du mépris univer-
» sel (1)! »

Les *missionnaires* suivent de près les ignorantins. Je serai franc, Messieurs, j'avouerai, sans
peine, les services que les missions ont rendus à

(1) Adresse des ecclésiastiques du grand-duché de Luxem-
bourg, du 8 septembre 1825, au roi des Pays-Bas, relativement à la création d'un collége philosophique pour le
clergé catholique de ses etats.

la religion. Les missionnaires ont porté la connaissance de l'Évangile dans les contrées les plus
reculées ; ils ont enseigné la morale du Christ
aux peuples les plus sauvages, bravant tous les
dangers, au milieu de toutes les privations, sou-
tenus par ce courage qu'on n'emprunte que de la
confiance en Dieu. Des excès ont pu quelquefois
accompagner ces prédications ; c'est un reproche
que l'histoire fait aux missionnaires espagnols et
portugais, qui trop souvent ont argumenté contre
les malheureux Indiens avec lefer et surtout avec
le feu ; mais ce reproche ne peut atteindre les
missions de France. Exempts, grâce à Dieu, du
fléau de l'inquisition dont nos rois et leurs parle-
mens ont toujours su préserver le territoire français, nos colonies ont joui du même bienfait, et nos
missionnaires n'y ont jamais parlé que le langage
de l'Évangile. J'en atteste celles que nous avions
établies dans l'Amérique septentrionale, et je ci-
terai surtout pour exemple cette magnifique fon-
dation du séminaire de Montréal, en Canada,
qui a tant contribué à civiliser cette contrée, en
y répandant tous les moyens d'instruction ; et
dont les vertueux prêtres, aujourd'hui soumis au
sceptre constitutionnel de l'Angleterre, donnent
l'exemple de l'obéissance aux lois, du respect
pour le souverain, de la tolérance au milieu des
autres cultes, et de la charité envers tous les
malheureux !

Mais le fait des missions n'est pas un article de

foi, et leur utilité au sein des pays catholiques
a été vivement contestée: Souvent les évêques, les
curés et les peuples s'en sont plaints, non-seulement dans ces derniers temps, mais avant la révolution. L'histoire et une foule d'écrits en font
foi. Deux cours royales ont donc pu refuser d'y
assister en corps, et mériter pour ce fait les éloges du *Constitutionnel*; et si un orateur sacré n'a
pas craint d'en faire des reproches à l'une d'elles
dans sa bénédiction à la rentrée des chambres, le
procureur-général lui a répondu, selon le devoir
de sa charge, par les libertés de l'Église gallicane.

_ En soi, les missions dans un pays comme la
France, exaltent l'imagination. On y fait trop
peut-être pour le spectacle des yeux, et pour le
plaisir des oreilles. De·sages personnages s'en
sont plusieurs fois scandalisés.

Peut-on, par exemple, s'empêcher d'improuver
ces détonations de boîtes et d'artifices (quand même
elles ne seraient pas parties immédiatement derrière le maître - autel, et qu'elles auraient seulement eu lieu au dehors), lorsque le moment de
leur explosion ayant été calculé sur l'instant où
le prédicateur parlait du jugement universel,
cette coïncidence a jeté dans l'âme des femmes et
des enfans une épouvante factice, qui ressemble
plus aux effets dramatiques de représentations
théâtrales qu'au calme et à la religion qui doivent
présider à la prédication de l'Évangile?

_ Relativement à ces boîtes d'artifice, on vous a

parlé d'un certificat qui porte en effet plusieurs
signatures, mais où l'on a posé la question avec
des restrictions que je vous laisse à vous-mêmes
le soin de qualifier; on n'a présenté qu'une circonstance indifférente, et on a dissimulé ce qu'il
était le plus important de constater. On a prétendu qu'il n'avait point été tiré de boîtes derrière
l'autel ; c'est pour attester ce fait, ainsi posé,
qu'on a sollicité un certificat. Mais un notaire, qui
d'abord l'avait signé sans y trop prendre garde,
a ensuite cru devoir adresser au *Constitutionnel*
la lettre que nous allons faire connaître pour satisfaire à sa conscience.

Cet honnête homme ne craint pas.....

M^e. Dupin, se reprenant : Mais vraiment si ! il
éprouve bien quelque petite crainte, car il nous
prie de ne le nommer qu'à la dernière extrémité.
Je l'exprime ici, cette crainte, parce que j'espère
que la publicité le protégera contre les vengean-
ces ministérielles; je le place sous la protection
de la cour.

M^e. Dupin lit cette lettre, qui est ainsi conçue :

Saint-Nicolas, près Nancy, le 4 novembre 1825.

« MONSIEUR,

» Le 27 du mois dernier, quelqu'un est venu
me faire signer un certificat constatant « qu'il est
faux que des boîtes, placées dans l'intérieur du

temple (à Saint-Nicolas) aient été tirées derrière le maître-autel, et que des missionnaires
aient mis feu à ces boîtes lors de la mission qui
a eu lieu à Saint-Nicolas, dont les effets ont été
salutaires.

» Immédiatement après ma signature, réflé-
chissant à la rédaction et aux conséquences de
cette pièce, j'ai craint qu'elle ne nuisît à la vérité; car j'ai bien pu attester les faits contenus
dans la pièce ci-dessus, en ce qu'*il n'y a pas eu
de boîtes tirées derrière le maître-autel, et que
les missionnaires n'y ont pas mis le feu;* mais je
ne puis, sans compromettre ma conscience, attester qu'il n'y a pas eu de boîtes tirées dans cette
occasion.

» Si, d'une part, je suis étranger aux motifs
du correspondant, qui vous a mal rendu les faits,
rapportés dans votre journal (numéro du 19 juin
dernier), à l'article commençant par ces mots :
« *Dans un bourg des environs de Nancy,* » et
que la voix publique a appliqué à la mission qui
a eu lieu ici dans les mois de novembre et décem-
bre 1823; d'une autre, je ne le suis pas moins
aux raisons qui ont fait solliciter et obtenir le certificat dont je viens d'avoir l'honneur de vous
parler. Dans tous les cas, *mû par un attachement
inviolable à la cause de la vérité,* je me crois
obligé, en raison de la signature que j'ai donnée
trop *inconsidérément* au certificat ci-dessus, de
rétablir des faits qui sembleraient être *altérés par*

les uns et niés par les autres. En effet, les boîtes dont il est parlé à l'article sus-indiqué de votre journal, et qui ont été tirées *au moment où le prêtre annonçait le jugement universel,* n'étaient *point placées* derrière le maître-autel, mais *bien dans le jardin d'un ancien couvent,* et adossées à la muraille même du temple, du côté méridional, vers le chœur. Une *explosion si subite,* partant d'un lieu si voisin, plongea les fidèles dans *une épouvante* aussitôt manifestée par un bruit confus de cris, de gémissemens, de chutes de chaises et de bancs, lequel bruit fut couvert à son tour par celui que produisit la musique cachée derrière le maître-autel, et qui fit entendre l'air accoutumé : *Où peut-on être mieux?*

» Le feu n'a point été mis à ces boîtes par un des pères, mais par le sieur Léopold Pierron, artificier à Saint-Nicolas.

» Voilà l'exacte vérité sur des faits qui se sont passés en *présence d'une population de trois à quatre mille âmes.* Je vous prie néanmoins de ne donner aucune publicité à ma lettre, et de n'en faire usage qu'autant que vous pourriez y être contraint par la représentation du certificat dont je viens de vous donner connaissance.

» J'ai l'honneur d'être, etc.

» PITOUX. »

Certes, Messieurs, reprend l'orateur, sans cesser de respecter profondément la religion de l'état, et en raison même de ce respect, on peut gémir de voir des scènes profanes s'allier aux augustes cérémonies de nos mystères, condamner des spéculations sur la vente d'objets bénis ou consacrés, et trouver que les *Cantiques de David* sont mal remplacés par des *couplets* souvent très-indiscrets que l'on fait chanter aux jeunes gens des deux sexes.

Vous n'attendez pas de moi, Messieurs, le scandale d'une pareille lecture; *le Constitutionnel* n'en a pas besoin pour sa justification; mais vous pourrez vous convaincre de la justesse des plaintes dont il s'est rendu l'écho, si vous croyez nécessaire de parcourir notamment le recueil des *Cantiques spirituels à l'usage des missions de Lyon*, imprimés à Lyon, chez Rusan, *imprimeur du Roi et du clergé*. J'ai marqué principalement les pages 30, 35, 43, 83, 111 et 112; voyez surtout les *tourterelles* de la pag. 43.

C'est surtout lorsqu'il s'agit de réprimer ces sortes de licences que vous pouvez mieux apprécier la liberté de la presse, car elle seule a la puissance de signaler l'irréflexion et l'imprudence de pareils actes, d'appeler la surveillance de l'autorité, et de prémunir les pères de famille contre un péril dont on ne se défie pas toujours assez.

Ceci me conduit à parler de l'*Examen de conscience*, encore imprimé à Lyon. *Le Constitu-*

tionnel s'est alarmé de certains détails qui s'y trouvent consignés. Sa pudeur, il en convient avec l'acte d'accusation, en a été *effarouchée*. La vôtre le serait également, Messieurs, si vous lisiez, à l'occasion des 6e. et 9e. commandemens, ce qui est dit sous ces mots : *occasions*, *regards*, *pensées*, *lectures*, *paroles*, etc., choses que je ne veux pas même proférer devant vous, pour me conformer aux préceptes divins que l'auteur de ce livre n'a pas craint de violer : *Fornicatio et omnis immunditia..... nec nominentur in vobis, sicut decet sanctos* (1). Et ce sont des missionnaires qui ont rédigé un pareil livre, qui ont offert cette nomenclature, non-seulement aux personnes du sexe, mais même à l'imagination de l'enfance, toujours avide de se faire expliquer ce qu'elle n'entend pas !

On a objecté que ce livre avait été imprimé l'année 1804; mais, en 1804, y avait-il un *Constitutionnel ?.....* D'ailleurs ce livre a été réimprimé avec approbation nouvelle en 1818, et même en 1824. Et quand le ministère public a poursuivi Barba pour la dix-neuvième édition d'un roman qui en avait eu dix-huit autres avant-

(1) Saint Paul aux Éphésiens, chap. V, v. 3. On peut encore ajouter le texte suivant, et dire, en parlant de cet examen indiscret . *Peccatum non cognovi, nisi per legem: nam concupiscentiam nesciebam, nisi lex diceret, non concupisces.* (Ep. aux Romains. VII, 7.)

la restauration, on a bien pu lui signaler la réimpression de l'*Examen de conscience*.

Mais parlons d'un autre livre dont la composition ne remonte pas aux temps du consulat. Il a été imprimé à Paris en 1825, au bureau du *Mémorial catholique*. Il a pour titre : *Catéchisme du sens commun*, par M. T., *supérieur des missions de Nancy*. Au chap. XIX, pages 48 et 49, voici ce qu'on y lit. Écoutez, Messieurs, ceci mérite attention; c'est du droit public. Voici la demande :

« Aprés tout cela, que répondrez-vous à cette
» question : Un souverain peut-il faire de la re-
» ligion une loi politique pour ses sujets? »

Ainsi, on remet en question devant l'enfance le droit du souverain d'accorder la liberté de conscience à ses sujets! on conteste ce que la charte a si sagement décidé!

Vous allez maintenant, Messieurs, entendre la réponse, et vous y trouverez encore ce caractére de *distinction subtile* que vous avez déjà remarqué dans le certificat; vous y verrez une coïncidence qui vous révélera peut-être d'où part l'accusation. Voici ce que doit répondre l'enfant.

« *R.* Pour faire trouver la réponse à tout le
» monde, *je distinguerai* les divers sens de cette
» question. S'agit-il de la religion catholique,
» elle veut dire : Un souverain temporel peut-il
» faire du sens commun une loi politique pour

» ses sujets? autrement, peut-il faire à ses su-
» jets une loi d'être raisonnables? S'agit-il au
» contraire d'une hérésie, la même demande
» signifie : un souverain temporel peut-il, d'une
» opinion contraire au sens commun, faire une
» loi à ses sujets ; autrement, peut-il faire à ses
» sujets *une loi d'être fous?*»

Ce n'est rien, Messieurs, continue Mᵉ. Dupin ;
vous allez entendre quelque chose plus extraordinaire encore. Écoutez la question suivante :

« *D.* Que pensez-vous de cette proposition : Un
» gouvernement doit une *égale* protection à tou-
» tes les religions? »

Vous le voyez, Messieurs, c'est bien l'article 5
de la Charte que l'on met en question. Voici la
réponse :

« *R.* A mon avis, cela veut dire : Un gouver-
» nement doit *la même protection à la folie qu'à*
» *la raison ;* dans son instruction publique, il
» doit autant favoriser la propagation de la folie
» que l'enseignement du bon sens. »

C'est dans ce langage, Messieurs, reprend l'o-
rateur, que les missionnaires de Nancy. s'adressent à l'enfance! C'est ainsi qu'ils lui traduisent
l'article 5 de la Charte! Cet article est un acte
de folie! Et voilà les citoyens qu'on nous pré-
pare! Voilà comme on élève la jeunesse dans la
haine de nos lois fondamentales!

Mais suivons le cours des questions, et voyons comment l'auteur *du Catéchisme du sens commun* sait descendre aux applications. On fait la question suivante :

« *D.* Quelle conduite un gouvernement doit-il
» tenir, selon vous, à l'égard de ceux qui ne sui-
» vent pas le sens commun en matière de reli-
» gion ? »

« *R.* La même conduite qu'à l'égard de ceux
» qui sont *aliénés d'esprit !* »

Et c'est ainsi, Messieurs, que j'arrive aux *cha-ritains*, qui revendiquent la direction de toutes les *maisons d'aliénés.*

Aujourd'hui, on ne se rend pas assez compte des choses ; c'est un malheur de l'époque. On ne remonte pas assez à l'origine des institutions, et lorsque certaines gens s'efforcent de ramener le passé, on oublie de leur montrer qu'à côté des abus qui existaient, la sagesse de nos pères avait placé le remède.

Qu'étaient-ce que les charitains ? Je vais vous donner leur généalogie. C'est une *provenance* espagnole. Leur congrégation commença à Grenade, et fut confirmée par bulle de 1572, année de sanglante mémoire. Ils furent introduits par cette ligue dont le cri de ralliement était : *Point de Bourbons, quand même !* par cette ligue qui voulait soumettre la France à des princes espagnols ou autres, les trouvant toujours assez légitimes,

pourvu qu'ils fussent dociles aux prétentions ultramontaines. Aujourd'hui, pour déguiser cette
origine, ils voudraient se porter héritiers de saint
Vincent-de-Paule, dont la mémoire est si révérée
parmi les Français.

Ici M⁰. Dupin cite Durand de Maillane (1), qui
dit qu'anciennement les hôpitaux confiés à ces ecclésiastiques avaient été fort négligés ; qu'ils en
faisaient leur profit singulier, et que le concile de
Vienne, *à la honte du clergé*, leur en a retiré
l'administration.

Qu'a donc dit autre chose *le Constitutionnel ?*
il a rappelé ces anciens désordres ; il a craint leur

(1) « Depuis long-temps l'on a plusieurs fois travaillé à la
» réformation des hôpitaux. Dans le relâchement de la dis-
» cipline, la plupart des clercs, qui en avaient l'administra-
» tion, l'avaient tourné en titre de bénéfice dont ils ne ren-
» daient point de compte. Ainsi, plusieurs *appliquaient à*
» *leur profit la plus grande partie du revenu*, laissaient périr
» les bâtimens et dissiper les biens ; en sorte que les inten-
» tions des fondateurs étaient fraudées. C'est pourquoi le
» concile de Vienne défendit, *à la honte du clergé*, de ne
» plus donner les hôpitaux à des clercs séculiers, et ordonna
» que l'administration en fût confiée *à des laïques*, gens de
» bien, capables et solvables, qui prêteraient serment comme
» des tuteurs, feraient inventaire, et rendraient compte
» par-devant les ordinaires. Ce décret a eu son exécution,
» et a été confirmé par le concile de Trente. » *Diction-*
naire du droit canonique, au mot *Hôpital*, pag. 191, édition
de 1776.

retour, et il a signalé la prétention des charitains
comme une spéculation qui tendait à nous priver
de l'ordre actuel, dont les bienfaits vous sont con-
nus. J'en atteste cette généreuse administration
des hospices civils de Paris, à la tête de laquelle
nous voyons tant d'hommes éclairés qui, avec une
piété égale à leur désintéressement, vouent leurs
soins les plus assidus à surveiller les biens des
pauvres, à en constater le bon emploi, à en prévenir la dilapidation!

Quelle déplorable fatalité! tandis que le présent est menacé d'être envahi par le passé dans
tout ce que celui-ci eut d'abusif, *sans qu'on veuille
rappeler en même temps les remèdes que l'expérience y avait apportés :* tout est impuni, paraît
même louable de la part des envahisseurs; il n'y
a de coupable que la tendance, hélas, trop clair-
voyante des écrivains qui font lire les dangers de
l'avenir dans l'histoire rédivive du bon vieux
temps!....

Ainsi, autrefois, la législation s'était appliquée
à restreindre les substitutions ; aujourd'hui l'on
voudrait non-seulement les rétablir, mais les
étendre indéfiniment.

Autrefois, l'Université donnait son instruction
gratuitement; aujourd'hui, l'Université, en cela
toujours impériale, fait payer à raison de 5 fr.
par chef d'élève, l'instruction même qu'elle ne
donne pas!

Si une corporation concourait par émulation avec d'autres à instruire la jeunesse, aujourd'hui ses affiliés voudraient lui en attribuer le mono-pôle exclusif.

Il y avait jadis des gens de mainmorte; des religieux, des religieuses; mais sous la condition d'une autorisation royale vérifiée en parlement : aujourd'hui on veut que les premiers venus aient le droit de se former en couvent et en congréga-tion sans la permission ni le contrôle de l'auto-rité. Autrefois, en se donnant à Dieu, il fallait mourir au monde, renoncer à toutes successions futures, et il n'était pas permis de dépouiller la famille que l'on quittait pour enrichir le cloître où l'on allait s'enfermer; aujourd'hui toutes sor-tes de donations de ce genre sont permises et fa-vorisées au point que jusqu'ici les efforts déjà tentés par la Cour pour intercepter le cours im-modéré de ces sortes de libéralités sont demeurés sans succès.

En un mot, on veut les abus; et de plus, on les veut sans appel; on les veut sans contradic-tion : et comme, en s'élevant contre un tel sys-tème, l'opposition ne saurait être réfutée, on prétend la réduire au silence; on l'accuse de s'at-taquer à la religion.

Mais c'en est assez sur les Ordres religieux : passons à une autre série de griefs.

*Reproches de cupidité, d'ambition et d'orgueil
adressés à quelques ecclésiastiques.*

Parmi les articles signalés comme tendant à
porter atteinte au respect dû à la religion de l'État,
il s'en trouve plusieurs qui renferment des reproches de cupidité, d'ambition et d'orgueil
adressés à quelques membres du clergé.

Mais il est par trop manifeste que le blâme doit
tomber sur ceux qui auraient mérité ces reproches, et non sur ceux qui les ont faits.

Le clergé n'a pas le privilége de l'impunité. Il
donne des leçons aux fidéles ; il doit aussi les
prêcher d'exemple : et si quelques prêtres laissent
remarquer une contradiction peu édifiante entre
leur conduite et leurs discours, entre ce qu'ils
recommandent aux autres et ce qu'ils font eux-
mêmes, il est apparemment permis de leur rappeler leurs propres exhortations et de les juger
par leurs propres lois. Ici revient le texte de
l'apôtre : *Peccantes presbyteros coram omnibus
argue, ut et cæteri timorem habeant.*

La religion n'en reçoit aucun dommage, car
on ne peut trop répéter deux choses : 1°. les ministres d'une religion ne sont pas la religion
même, surtout quand ils s'en séparent de fait
par une conduite que la religion réprouve et condamne ; 2°. quelques ministres répréhensibles, au

milieu d'un clergé vertueux, n'empêchent pas
que ce clergé ne demeure en masse l'objet du
respect des fidèles, respect qui sera même d'autant plus grand, que le corps aura plus de soin
de retrancher les membres qui le déshonorent,
ou ; suivant l'expression de l'Écriture, de séparer
l'ivraie du bon grain.

Aussi voyons-nous que les saints conciles, les
capitulaires, qui leur tiennent de si près, et les
écrits des Pères de l'Église, sont remplis d'ani-
madversions contre le luxe, l'orgueil et le faste
immodéré des clercs.

À l'aide de ces autorités, il devient facile de
justifier tous les articles argués qui sont dans
cette catégorie.

Dans plusieurs articles, *le Constitutionnel* a
critiqué l'espèce de spéculation établie à l'occasion des missions sur quelques objets de dévotion.
Et le réquisitoire de dire, en prenant le ton
de l'ironie : — « Pure cupidité qui fait distri-
» buer des rosaires et des images aux pauvres
» gens des campagnes qui ne savent pas lire, et
» dont la ferveur a besoin, pour s'entretenir,
» *de signes matériels !* »

Distribuer n'est pas cupidité ; l'acte d'accusation a raison : mais distribuer pour de l'argent,
c'est vendre, et c'est la vente, comme spéculation, que *le Constitutionnel* a blâmée.

La ferveur des pauvres a besoin, dit-on, pour

s'entretenir, de *signes matériels* : ah! j'en conviens, tel est partout le caractère du peuple :
Stupet in titulis et imaginibus; mais est-ce une
raison pour abuser de sa crédulité. Laissons toutefois aux théologiens, et ne renouvelons pas ici
l'ancienne querelle des iconoclastes; disons seulement qu'instruire et prêcher la parole de Dieu
vaudrait mieux qu'entretenir la superstition et
nourrir une sorte d'idolâtrie. Jésus-Christ aussi
prêchait à de pauvres gens des campagnes qui ne
savaient pas lire; mais au lieu de traîner des
marchands à sa suite et de les installer sur le
parvis, il les chassait honteusement du temple,
en leur rappelant que sa maison était une maison
de prières et non un lieu de trafic; et ses apôtres, tout remplis de son esprit divin, cherchaient si peu à *entretenir la ferveur* de leurs
néophytes *par des signes matériels* et des hochets
bénis, qu'on lit dans les Actes des apôtres que le
principal auteur de la révolte excitée à Éphèse
contre saint Paul était un orfévre nommé Démé-
trius, qui faisait métier de vendre des petits
temples de Diane en argent (c'étaient les rosaires de ce temps-là,) et qui se plaignait, en
ameutant les autres ouvriers, de ce que la prédication de l'Évangile avait ruiné ce genre de
négoce.

Quant aux observations sur le luxe déployé par
certains prélats, elles n'ont rien de contraire au
respect dû à la religion. Je me contenterai de

citer ce passage de saint Bernard, dont on n'accusera pas *la tendance* : « A quoi bon étaler l'or ?
» De quelle utilité sont ces pierreries, ces bro-
» deries sur les habits des prélats? La religion
» aurait-elle besoin d'être secourue par le luxe?»
On le croirait en lisant le réquisitoire. »

La location des chaises est chose licite; mais on
ne peut en exagérer le prix outre mesure : or, *le*
Constitutionnel n'a parlé que de cette exagération.
M. le procureur général, continuant ses parallè-
les, compare ce genre de recettes avec celles des
théâtres. Pour la quatrième fois je repousse ce
genre d'assimilation. Elle pèche surtout dans cette
circonstance, parce que l'augmentation arbitraire
du tarif des chaises est une contravention aux
réglemens des fabriques (1); au lieu que l'application bénévole du produit d'une représentation
théâtrale à une bonne œuvre, même en doublant
le prix des places, devient d'autant plus méritoire
qu'en cela le profane tourne, contre sa destina-
tion habituelle, au profit de la charité.

Une cotisation à cinq sous par tête, semble
peu considérable. Volontaire, dit-on, elle n'a rien
de répréhensible. — Vous en jugez ainsi. Mais
lorsque sa perception est organisée à la manière
des impôts (2), l'autorité temporelle ne doit-elle

(1) Carré, *Gouvernement des paroisses*, nos. 107 et 272.
(2) *Voyez* le détail de cette organisation, par dixainiers et
centéniers, dans *le Constitutionnel* du 6 mai 1825.

pas y porter quelque attention ? Veut-on bien librement ce que l'on veut par la force de l'exemple et de l'entraînement (1) ? Avec ce raisonnement, on lèverait encore en France le denier de saint Pierre au profit du pape.

Quelques observations sur le luxe déployé par certains prélats n'ont rien de contraire au respect dû à la religion. Les pères de l'Église sont pleins de doléances sur le trop grand luxe déployé en maintes occasions par l'état-major du clergé. « A quoi bon étaler l'or? dit saint Bernard (dont » on n'accusera sûrement pas *la tendance*), de » quelle utilité sont ces broderies, ces pierreries » sur les habits des prélats? La religion aurait- » elle besoin d'être secourue par le luxe ? » on le croirait, puisqu'un réquisitoire regarde de pareilles critiques comme signalant une tendance à porter atteinte au respect dû à la religion !

Du luxe à l'orgueil il n'y a qu'un pas : et l'orgueil est encore défendu aux gens d'église aussi bien qu'aux laïcs, puisque c'est un péché capital. Si donc, sous prétexte d'un hommage que

(1) On peut citer pour exemple les souscriptions inspirées depuis vingt-cinq ans par la politique ou par la flatterie, au milieu des assemblées législatives, des Académies et des conseils généraux ou municipaux. Un flatteur se lève et fait la proposition, et la chose passe, moins parce que tout le monde y consent, que parce que personne n'ose contredire: c'est le *nullo adversante* de TACITE, I, *Annal.* 2.

l'irrévérence seule, quand cen'est pas l'impiété, peut refuser aux ministres de l'Évangile, on exige des marques de soumission avec dureté, avec hauteur; et que les injonctions données avec trop peu de ménagemens, dégénèrent en humiliation pour celui à qui elles s'adressent; peut-être est-il permis de désapprouver le lévite qui en pareille occurrence réclame avec trop d'éclat et d'ostentation le respect pour le grand-prêtre. Ceci nous explique le fait rapporté dans la feuille du 3 juin. Dans cet article on n'a pas dit que « des prêtres » avaient eu *l'indécence* de faire signe à des ca- » tholiques de s'agenouiller pendant que monsei- » gneur donnait sa bénédiction. » —Je juge in-décent, au contraire, de n'avoir pas prévenu à cet égard toute invitation : mais je ne crois pas que *le Constitutionnel* soit coupable parce qu'il aura désapprouvé ce que l'injonction aurait eu de trop vif dans les termes et de trop impérieux dans le ton. Chaque pays a ses petits Mardochées qu'il convient plutôt de ramener que d'irriter, et auxquels il ne faut pas donner l'importance qu'ils recherchent, en déployant contre eux trop d'autorité pour en obtenir ce que l'Évangile appelle avec assez de défaveur, *salutationes in foro.*

Des pieuses pratiques, congrégations, miracles
et canonisations.

« Il est dans la religion catholique, continue
» l'acte d'accusation, de *pieuses pratiques*, qui
» ne sont nullement obligatoires pour personne,
» mais qui *plaisent aux âmes tendres*, dont elles
» entretiennent la ferveur. L'Église ne les com-
» mande pas; l'Église ne les défend pas non
» plus. »

De pieuses pratiques *qui ne sont nullement*
obligatoires pour personne ! Ce ne sont donc pas
des articles de foi ? *le Constitutionnel*, sans cesser d'être bon catholique, a donc pu en contester le mérite et l'utilité ?

Quant à ce qui plaît aux *âmes tendres*, les
visions, les extases, et certaines adorations (par
exemple, celle du Sacré-Cœur), que l'église ne
défend pas, dit l'acte d'accusation, mais *qu'elle ne*
commande pas non plus, il est également permis
de les improuver, de rappeler qu'elles sont souvent une source d'abus, et que plus d'une fois
elles ont introduit le trouble et le schisme dans
l'église; car qui peut arrêter les écarts d'une
imagination transportée ? Ne se rappelle-t-on
plus les querelles du *quiétisme*, nées aussi à l'occasion d'une *âme tendre* (de la trop célèbre madame Guyon), et qui ont fini par diviser les

deux plus grands prélats de l'église de France,
Bossuet et Fénélon ? Elles ont donc leur danger
pour la religion ! Et dès lors il est évident qu'on
peut les combattre sans porter atteinte au respect que la religion est en droit de réclamer de
nous.

Les âmes tendres se plaisent surtout dans les
affiliations : Eleusis et Memphis, alléguées par
M. le procureur-général, en font foi. Le secret
était de leur essence, on appelait cela *célébrer
les mystères*. Mais la foi catholique, c'est-à-dire
universelle, peut-elle s'accommoder de ce culte
clandestin, de cette espèce de franc-maçonnerie
religieuse, de ces *pieuses pratiques* à la partici-
pation desquelles on n'admet qu'un certain nombre d'adeptes ? Si, dans ces réunions, on ne
professe pas des doctrines contraires aux lois et
usages de France et à l'indépendance de l'autorité temporelle, et à la vraie foi, pourquoi les
portes ne sont-elles pas ouvertes à tous les fidèles ?
Ne sont-ils pas essentiellement de la même communion ?

Aussi ces sortes de dévotions ont-elles été im-
prouvées tout à la fois et par les conciles et par
les arrêts.

Tel est le concile de Rouen de l'an 1536, où
nous lisons : « Les confréries et associations qui
» se sont établies par pitié sous le titre de *cha-
» rité* ou autres dénominations, ne font que

» nuire aux fidèles , et déranger l'ordre éta-
» bli dans l'église; elles nuisent même au tem-
» porel, et *introduisent le fanatisme dans les es-*
» *prits.* »

» C'est ainsi, ou en termes équivalens, que s'ex-
priment les conciles de Reims en 1583, et de
Bourges en 1584.

L'autorité temporelle n'a pas été moins vigi-
lante. En 1769, le 17 janvier, le procureur-général dénonça aux chambres assemblées une
brochure imprimée, contenant un mandement
de l'évêque d'Auxerre, portant établissement
d'une *association du Sacré-Cœur* (1), et plusieurs
bulles au sujet de ladite association, et le même
jour la cour rendit l'arrêt suivant : « La cour
» ordonne que ladite brochure sera déposée au
» greffe de la cour, et cependant fait défenses à
» toutes personnes de quelque qualité et condi-

---

(1) Toute la séduction du père Girard, à l'égard de la Ca-
dière, était basée sur l'abus sacrilége qu'il avait fait auprès
de sa pénitente, des sentimens et des expressions qui sem-
blaient consacrés par le culte du sacré cœur. Le père Girard
termine ses lettres les plus affectueuses par ces expressions :
Je serai toujours tout à vous dans le sacré cœur de Jésus ; et la
jeune fille de lui répondre en terminant la sienne : *Je vous
suis intimement unie dans le sacré cœur de Jésus.* Voilà de quoi
servent ces *pieuses pratiques*, que le réquisitoire croit si *propres à entretenir la ferveur des âmes tendres.* Qu'on juge d'a-
près cela si elles sont sans danger ! (*Voyez* le procès in-fol.,
édit. de 1731, t. II, p. 9, du *Précis des charges,* et p. 19.)

» tion qu'elles soient, de faire aucun exercice
» public de ladite association, sous les peines por-
» tées par les ordonnances du royaume; arrêts
» et règlemens de la cour; enjoint au substitut
» du procureur-général du Roi, au bailliage
» d'Auxerre, de tenir la main à l'exécution du
» présent arrêt, qui sera imprimé, lu, publié
» et affiché (1). »

Certes, voilà bien le *coram omnibus* de l'apôtre! Vous le voyez, on ne craint pas le scandale!

A côté des *pieuses pratiques* dont je viens de
parler, l'acte d'accusation place « les miracles,
» les canonisations et l'invocation des saints, qui

(1) Par un second arrêt du 9 mai suivant, prononcé à la suite
d'un compte plus étendu, rendu à la Cour par le procureur
général, « la Cour ordonne que les ordonnances, arrêts et
» réglemens de la Cour seront exécutés selon leur forme, et
» teneur; ce faisant, fait inhibitions et défenses à toutes per-
» sonnes, de quelque qualité et condition qu'elles soient,
» de former aucunes assemblées illicites, ni confréries, con-
» grégations ou associations, *sans l'expresse permission du roi*
» *et lettres-patentes vérifiées en la Cour...* » (La cour prescrit
ensuite des mesures pour la vérification des titres de toutes les affiliations et confréries existantes, et elle ajoute):
« Fait dès à présent défenses à toutes personnes de s'assem-
» bler à l'avenir sous prétexte de confréries, congrégations
» ou associations, dans aucune chapelle intérieure, ou au-
» cun oratoire particulier de maison religieuse ou autre, même
» dans les églises *qui ne seraient pas ouvertes à toutes person-*
» *nes qui se présenteraient pour y entrer.* »

» ne sont pas seulement, y est-il dit, des arti-
» cles d'édification, mais des articles de la foi
» catholique. »

Je déplore cette erreur où est tombé le rédacteur de l'acte d'accusation; elle ne le place plus
seulement en contradiction avec la jurisprudence;
c'est ce passage qui a excité la bile de quelques
théologiens, et qui leur a fait dire que le réquisitoire était contre la foi.

Distinguons entre les miracles attestés par
l'Écriture et les miracles de nos jours. Les premiers font partie de la croyance, mais suivant
la judicieuse réflexion de Montaigne (1), « ce
» privilége qu'il a pleu à Dieu de donner à aul-
» cuns de nos témoignages ne doibt être avili et
» communiqué légierement. »

En effet, n'y a-t-il pas eu de tous temps de
faux prophètes? Les Egyptiens ne contrefaisaient-
ils pas les miracles de Moïse? et n'est-ce pas Dieu
lui-même qui nous dit (2) : « Je viens aux pro-
» phètes qui ont des *visions de mensonge*, qui les
» racontent à mon peuple, *et qui le séduisent par*
» *leur mensonge et par leur témérité*, quoique je
» ne les aie point envoyés, et que je ne leur aie

(1) Liv. III, chap. XI *des Boiteux*. Ce titre donne beaucoup plus qu'il ne promet.

(2) *Qui locutus est per prophetas.*

» donné aucun ordre, et *qui n'ont servi de rien*
» *à ce peuple* (1) ? »

« Sans douter de la puissance de Dieu, dit
Fleury (2), on peut et on doit examiner si les
miracles sont bien prouvés, pour ne pas porter
faux témoignage contre lui, en lui en attribuant
ceux qu'il n'a pas faits. »

Et comme le fait observer le judicieux auteur
des *Conférences sur la Religion* (3) dans son discours sur les *miracles évangéliques*, « Entre la
» faiblesse d'un esprit crédule et l'orgueil d'un
» esprit opiniâtre, il se trouve un juste et sage
» milieu ; il est des règles d'une critique sévère
» sans être pointilleuse, pour discerner les *his-
» toires fidèles* des *récits fabuleux*. »

« Il y a des moyens sûrs de les discerner, dit
» Origène (4) ; les mœurs de ceux qui les font,
» leur doctrine, et les effets qui en suivent. »

Aussi voyons-nous que l'église a pris les plus
louables précautions pour que les fidèles ne fussent pas exposés à recevoir indiscrètement des
miracles qui n'auraient pas été régulièrement
constatés et dûment approuvés par l'évêque.

(1) Jérémie, chap. 24, v. 32,

(2) *Hist. ecclésiastique*, tom. I, préface, n. 5,

(3) M. Frayssinous, tom. II, pag. 174.

(4) Origen. *in* Cels., lib. II. *Adde*, Fleury, *Hist. ecclésiastique*, liv 7, n. 16.

, (M Dupin cite divers conciles (1) et la formule employée par le pape lui-même, qui, mal-
gré l'opinion qu'il a d'ailleurs de son infaillibilité, ne prononce en pareille matière qu'avec
beaucoup de réserve.)

On voit même que les conciles ont quelque-

(1) Dans la Collection des conciles du père Labbe, on
trouve les textes suivans, au tom. XI, part. 2, col. 1906,
cap. 12 : *Inhibemus omnibus præsbyteris, et aliis personis ec-
clesiasticis, ne miraculo quæ de novo dicuntur evenire, in
suis locis vel ecclesiis solemnizent in publico, ordinario suo su-
per hoc inconsulto.* Le passage suivant (au tom. XV, cap. 5,
col. 178) est encore plus précis · *Miracula nulla locum aut
autoritatem habeant* sine judicio ecclesiæ per episcopum de-
clarato : *ne præstigia dæmonum aut imposturæ improborum
hominum pro certis verisque miraculis nominis divini habeantur.*
Le concile de Trente, sess 25, *de invoc. vener. et reliq.
sanct. et sacr. imagin.*, s'explique encore mieux : *Statuit
sancta synodus* .... Nulla etiam admittenda esse nova miracula .... *Nisi eodem recognoscente et approbante episcopo, qui
simul atque de iis aliquid compertum habuerit, adhibitis in concilium theologis et aliis piis viris, ea faciat quæ veritati et
pietati consentanea judicaverit.* Cette disposition a été reçue et
approuvée par les conciles de France. (Voyez *Mém. du clergé*,
tom. V, pag. 1566, et suiv. ; tom. VI, pag. 1421, 1439 et
suiv. L'intervention des évêques est tellement requise, qu'on
conserve dans les archives de Rouen un acte de satisfaction
faite en 1452, à un archevêque de Rouen, par les cordeliers de la ville, qui avaient publié un miracle sans l'approbation de l'ordinaire, *ibidem*, tom. I, pag. 655; *adde* Fleury,
tom. 10, liv. 48 et 21, au sujet des faux miracles à Dijon et
Uzès en 844.

fois ordonné qu'en faisant de nouvelles éditions
des Bréviaires, on les purgerait des légendes
grossières dont la crédulité et la superstition
avaient surchargé la vie des saints (1). "

Or, de bonne foi, en prenant pour guide la
sagesse de ces règlemens, qui de nous croira aux
prétendus miracles attestés par les images, les
légendes et les imprimés en vers et en prose que
je tiens dans cette liasse?

Je n'en veux citer que trois.

Croirez-vous, par exemple, que, le 13 juin
1824, jour de la Trinité, notre seigneur Jésus-
Christ, qui, suivant l'Évangile, ne doit apparoir
qu'à la droite du père, pour juger les vivans
et les morts, est cependant *apparu en personne
naturelle* dans l'église paroissiale de Lyon pendant qu'on chantait le salut; qu'il a paru *une
demi-heure entière*, et que « ses pieds sont restés
» imprimés sur le tabernacle, où ils sont encore,

---

(1) *Cùm olim à sanctissimis patribus institutum sit, ut solæ
scripturæ sacræ in ecclesiâ recitarentur, nescimus quâ incuriâ
acciderit, ut in earum locum successerint alia cum his neuti-
quàm comparanda, atque interim* historiæ sanctorum tam in-
cultè ac tam negligenti judicio conscriptæ, ut nec autoritatem
haberi videantur, nec gravitatem. *Deo itaque auctore, conci-
lio capituli nostri, ac theologorum, aliorumque piorum virorum,*
reformationem breviariorum meditabimur. Labbe, *Sacro-
sancta concilia,* édition de Paris, 1672, t. XIV, col. 504.
Concilium coloniense, I, *anni* 1536, *can.* 6.

» et où il se fait tous les jours des miracles. »
Voilà le placard dont la police permet l'impression, le colportage et la vente ! Voilà ce qui s'im-
prime chez des imprimeurs auxquels on ne retire
pas leur brevet ! chez des imprimeurs qui sont
presque tous brevetés imprimeurs du Roi ou du
clergé ! Voilà ce que l'on vend pour deux sous !
(on rit) le prix est inscrit au bas.

Croirez-vous davantage que Jésus-Christ ait
écrit récemment à tous les fidèles une circulaire
imprimée à Arras, chez *Leducq de Fontaine ?*
lettre absurde autant qu'irrévérente, que l'on
assure avoir été d'abord publiée à Rome, *avec
privilége de Sa Sainteté* (1), et dont on veut faire
une sorte de talisman contre les accidens et les
maladies pour en augmenter le débit.

Croirez-vous enfin, bien qu'ici la gravure
vienne au secours du récit, que le jour de la
circoncision 1825, l'année même où nous nous
trouvons, *l'indigne* et malheureuse servante du
curé de Saint-Clément (ce sont les termes du

---

(1) Dans l'impertinente légende de ce prétendu miracle,
on dit textuellement, en parlant de la lettre attribuée à Jésus-Christ : « Très-heureux ceux ou celles qui la garderont
» dans leur maison ou sur eux ! Le malin esprit, la foudre,
» le feu, la tempête n'y toucheront point. Lorsqu'une femme
» est en travail d'enfant, mettez-lui cette lettre dessus avec
» dévotion, et vous verrez que le bras tout-puissant la déli-
» vrera. »

récit), ait été dévorée, dans la cave du pres-
bytère, *par trois énormes serpens?*....

(Rire universel dans l'auditoire. — Interrup-
tion.)

M⁰. Dupin, aux spectateurs. — Messieurs, je
vous en prie, prenez plus sérieusement ce qui
touche aux intérêts les plus graves de l'état;
il ne s'agit pas de ce que la superstition peut
offrir de ridicule, mais de ce qu'elle a de dangereux. (Profond silence.)

Croirez-vous, dis-je, que cette servante ait
été dévorée par trois gros serpens, « parce que
son maître ayant emmené chez lui un pauvre
mendiant pour le faire dîner, elle lui avait donné
de la piquette au lieu de lui servir du meil-
leur vin ? » Tel est le texte ; voilà l'image qui
représente ce Laocoon femelle (on rit), avec
récit, cantique, complainte et prière à la
suite (1).

Arrêtons-nous. Appellera-t-on cela des miracles ? est-il un évêque qui les ait approuvés ? une
église de France qui les ait reçus ? Et voilà ce

_____

(1) Au bas de cette scandaleuse gravure, on lit encore·
« Lettre miraculeuse qui a été trouvée par un enfant âgé de
» onze ans, dans l'église de Saint-Pierre à Rome, le 9 oc-
» tobre 1824, écrite en lettres d'or de la *propre main de no-*
» *tre seigneur Jésus-Christ*, et qui a été lue publiquement par
» notre Saint-Père le même jour après la grand'messe. » Imprimée à Lons-le-Saulnier, chez Gauthier.

que le réquisitoire appellera des dévotions *propres* à entretenir la ferveur! Non, non, la religion n'a pas besoin de cet indigne secours. De
tels miracles ne sont point de ceux que l'on
puisse craindre de *dégrader par l'expression!* (Ce
sont les termes du réquisitoire.) J'appelle cela
hautement de la superstition, du mensonge, du
charlatanisme, et, puisqu'on le vend, de l'escroquerie! Ce n'est point avec le ridicule seulement qu'il est permis de discréditer de pareilles
impostures; c'est avec mépris, c'est avec indi-
gnation qu'il convient de les rejeter. On devrait
en poursuivre les auteurs, ou si on les absout,
en leur supposant *une bonne direction d'intention*, on devrait aussi laisser en repos et ne pas
poursuivre comme tendant à affaiblir le respect
dû à la religion de l'état, ceux qui flétrissent,
à leur naissance, de pareilles absurdités, pour
les empêcher de se propager au grand détriment
de la religion elle-même, et de l'état, dont on
voudrait ainsi abrutir les citoyens.

Nous arrivons aux canonisations:

L'acte d'accusation convient qu'il est permis
d'argumenter contre ces canonisations tant
qu'elles ne sont pas prononcées. J'ajoute, d'a-
près les plus graves autorités, qu'il est permis
d'en contester le mérite, même après qu'elles
ont été prononcées: les formules mêmes em-
ployées par le pape prouvent qu'il n'admet les

béatifications que sous toutes réserves de fait et
de droit (1).

S'il fallait alléguer des exemples, je citerais,
pour l'Angleterre, la canonisation du fameux
archevêque de Cantorbéry, Thomas Becket,
personnage inexpliqué dans l'ordre politique
comme dans l'ordre religieux, tenu en grande

(1) Voici cette formule, telle qu'elle est rapportée dans le
Jus ecclesiasticum de Van Espen, édition de Louvain,
1753, tom. 1, pag. 221 et suiv., capit. X, tit. 22, *de
Congregat. cardinalium.* — *Antequàm ad pronuntiationem ve-
niamus, protestamur publicè apud vos omnes hîc præsentes,
quod per hunc actum canonizationis non intendimus aliquid fa-
cere quod sit contra fidem aut ecclesiam catholicam, seu hono-
rem Dei.* Protestation, dit Christianus Lupus, qui suppose
évidemment la possibilité de se tromper. *Quæ protestatio
palàm supponit errandi possibilitatem.* Aussi le père Véron,
célèbre missionnaire et controversiste, dit-il dans l'excellent
livre auquel il a donné pour titre Règle de foi, *Regula Fidei,*
édit. des Frères Wallenberg, cap. 2, § 7, que ces canonisations n'ont rien d'infaillible, et ne sont pas des articles de
foi, pas plus que certains miracles sur lesquels on les fonde
ordinairement *Sanctos maximè canonizari ex miraculis factis
post tempora apostolorum quorum miraculorum plenæ sunt
vitæ sanctorum, tam in vitá, tam post mortem ab eis editorum,
et nullum talium miraculorum esse revelatum in verbo Dei,
PROINDE NULLA ESSE DE FIDE DIVINA. Quomodò ergò canonizatio
ex illis facta, seu judicium ecclesiæ quod sint sancti, essè de
fide diviná credendum? .. Rursùs dicimus* NE QUIDEM INFAILLIBI-
LITATEM *esse in his canonizationibus papam, aut concilia etiam
generalia,* et le docte auteur en apporte de nombreuses
preuves.

vénération par les Anglo-Saxons, parce qu'il s'était fait l'antagoniste de Henri II, tandis que les Normands de la conquête, qui l'avaient égorgé au pied des autels, le regardaient comme un factieux, et avaient fort peu de dévotion à ses reliques.

J'en dirai autant de Grégoire VII, canonisé à Rome à cause de ses efforts pour détrôner l'empereur Henri IV, et dont la légende qui relatait ce motif avec affectation fut, par cela même, rejetée par la plus saine partie du clergé de de France, et condamnée au feu par arrêt du Parlement.

A plus forte raison est-il permis de douter et de réfuter, quand, de leur autorité privée, des fourbes qui spéculent sur la crédulité du peuple veulent nous imposer des saints et des miracles de leur façon; quand, par exemple, nous lisons dans *le Constitutionnel*, sous la rubrique de *Madrid*, que des moines, en creusant les fondations de leur ancien couvent, y ont déterré un des *leurs*, « mort il y a un grand » nombre d'années, et dont le corps néanmoins » a été trouvé aussi frais et aussi pur que s'il ve- » nait d'expirer. »

J'accorde pleinement du reste que, même en travaillant à prémunir la société contre de telles absurdités, il ne faut pas sortir des bornes de la décence, et je m'afflige avec un res-

pectable ecclésiastique, de la légèreté avec la-.
quelle quelques écrivains ont traité ces graves
sujets, et ont ainsi, tout en attaquant des abus
réels, fourni aux ennemis de la liberté de la
presse un prétexte pour dire que les journaux
en veulent aux choses respectables auxquelles
ces abus sont attachés. Mais un tort de rédaction ne saurait être mis en balance avec le crime
de ceux qui, fondant leur prédominance sur
l'ignorance et la superstition, mêlent avec autant d'impudeur le mensonge avec le culte du
vrai Dieu. La raison seule devrait être employée
pour combattre et réfuter les choses déraison-
nables; mais on va au plus court, on sert le
lecteur à son goût, et chez une nation qui n'a
déposé les armes meurtrières de la ligue que
devant les traits piquans de la *satire Ménippée*,
on croit encore, comme au temps d'Horace, que
le ridicule est quelquefois le moyen le plus efficace
de résoudre les discussions les plus sérieuses :

> *Ridiculum acri*
> *Fórtius ac melius* MAGNAS *plerumque secat res.*

Refus de sacremens. — Excès de pouvoir.

Je n'entre point dans la question théologique
de savoir si les prêtres peuvent ou non refuser
légitimement d'administrer les sacremens.

Je sais seulement que ces sortes de refus ont

souvent occasioné beaucoup de scandale dans l'église et dans l'état.

Je sais encore qu'en pareils cas la voie d'appel comme d'abus était ouverte, et qu'une foule d'arrêts ont condamné *même par corps* des curés à administrer les sacremens que d'abord ils avaient refusés.

Si le droit d'intervention de l'autorité temporelle dans ces débats scandaleux était sérieusement contesté, j'opposerais au réquisitoire d'aujourd'hui, tous les réquisitoires d'autrefois. Je citerais notamment ce que disait M. d'Ormesson au Parlement, le 3 mars 1755 : « Oserait-on » avancer que le refus public de sacrement ne » soit une injure et un scandale; ou qu'une » injure et un scandale ne soient pas des délits, » ou que les délits ne doivent pas être poursui- » vis par la voie extraordinaire? Prétendrait-on, » contre l'usage universel, et contre l'évidence » du fait, que les pénitences et les censures » qu'il appartient aux officieux de prononcer, » puissent être des réparations suffisantes d'une » diffamation personnelle ou d'un trouble à » l'ordre public? S'il fallait adopter ces doc- » trines et les conséquences directes qui en » découlent, on serait bientôt conduit à mécon- » naître le pouvoir constant des rois sur les ma- » tières de discipline et de police ecclésiastique, » leurs droits évidens sur les choses qui sont » extérieures et publiques. » Ce magistrat ajoute:

« La puissance temporelle, bien loin de nuire à
» l'autorité spirituelle en est l'appui nécessaire ;
» mais non pas pour favoriser contre le repos et
» l'honneur des citoyens, les innovations et les
» entreprises contraires aux formes de droit (1). »

Quant aux arrêts, ils furent surtout fréquens
dans la période de 1753 à 1764. On peut voir
notamment celui rendu le 27 novembre 1754,
sur les conclusions conformes de l'avocat-général
que je viens de citer, dans la cause de la
demoiselle Lallemant, qui réclamait le *viatique*,
contre le premier vicaire et le *porte-Dieu* de la
paroisse Saint-Étienne-du-Mont.

Les refus de *sépulture* ont aussi donné lieu à
d'éclatans scandales qui ont été, en plus d'une
occasion, surmontés par la sagesse des arrêts.

Enfin des refus de *baptêmes*, quelques ré-
cherches indiscrètes sur la qualité des parrains
et marraines, ont également été réprimés par
les cours souveraines. Pour ne pas citer uniquement le parlement de Paris, j'invoquerai
l'arrêt rendu par le parlement d'Aix, le 21
avril 1756, à la requête du procureur-général d'alors, *accusateur en refus fait au nommé
Michel, de baptiser ses enfans*, contre le sieur

(1) Ce qui n'était autrefois que de doctrine et de jurisprudence, est aujourd'hui fondé en loi. Voyez l'art. 6 du
tit. 1er. de la loi du 18 germinal an 10, sur l'organisation
du culte.

Miollis, curé de Perricard : « La cour a con-
» damné ledit Miollis *à être sévèrement répri-*
» *mandé et admonesté derrière le bureau;* lui
» enjoint d'être *plus circonspect* dans l'exercice
» des fonctions de son ministère; plus attentif
» *à ne point exposer le salut des âmes*, et plus
» réservé *en ce qui touche l'honneur de ses pa-*
» *roissiens;* le condamne en outre en 5o francs
» d'amende envers le roi, etc.

» Et de même suite, a reçu ledit procureur-
» général du roi appelant comme d'abus des
» ordonnances synodales de l'archevêque d'Aix,
» *en ce qu'on pourrait en induire que les curés*
» *sont en droit d'exclure ceux qui se présentent*
» *pour servir de parrains et marraines*, en leur
» imputant des crimes prétendus notoires d'une
» simple notoriété de fait; et encore, qu'ils
» peuvent exiger desdits parrains et marraines
» la preuve de *l'accomplissement du devoir pas-*
» *chal*, ou les interroger publiquement sur ce
» fait; a concédé acte au procureur-général du
» susdit appel comme d'abus, l'a tenu pour
» bien relevé; lui a permis de faire intimer sur
» icelui ledit archevêque, pour venir en juge-
» ment au premier jour après la Saint-Rémi; et
» cependant a fait *inhibitions et défenses* au
» curé de Perricard, et à tous ceux du dio-
» cèse, *de refuser ou différer le baptême, sous*
» *prétexte qu'ils réputent les parrains et les mar-*
» *raines pour pécheurs publics , ou pour infrac-*

» *teurs du précepte de la confession ou com-*
» *munion annuelle ;* ordonne en outre que le
» présent arrêt sera *imprimé* et *affiché* par-
» tout où besoin sera (1). »

L'exposé de cette jurisprudence prouve :

1°. Que de tout temps on a pu se plaindre des refus de sacremens, à l'occasion du scandale qui en résultait ;

2°. Qu'on a pu s'en plaindre publiquement ;

3°. Et que ces plaintes, qui ne peuvent jamais porter en effet que sur la conduite plus ou moins. irréfléchie de tel ou tel ministre du culte, bien loin d'avoir jamais été considérées comme une atteinte portée au respect dû à la religion, ont au contraire été fréquemment accueillies par les tribunaux.

Il en résulte, contre l'assertion du réquisitoire que je combats, qu'il n'est pas exact de dire qu'en pareille matière « les prêtres sont » *seuls juges* des motifs de leur refus. »

Donc *le Constitutionnel* a pu, comme il l'a fait, accueillir et enregistrer les plaintes des divers citoyens sur des refus de sacremens.

---

(1) On peut rapprocher de cet arrêt les explications conciliantes données par M. le prince de Croï, archevêque de Rouen, en forme de *Lettre pastorale*, pour réparer le trouble occasioné par l'*Instruction* publiée sous son nom quelque temps auparavant. Voyez en le texte dans le *Constitutionnel* du 19 mai 1825.

Il a pu signaler le refus de sépulture d'un avocat, bientôt suivi du refus bien autrement grave, Messieurs, d'enterrer un président de cour royale !

Quant aux *éloges funèbres* dont les morts peuvent être l'objet, est-il vrai qu'ils ne puissent, sans une sorte de profanation, être prononcés que par des prêtres ? C'est une prétention de quelques membres du clergé ; mais cette thèse n'est point un dogme. De très-bons esprits, des hommes très-religieux, n'ont pas cru forfaire à la foi en s'acquittant de ce pieux et touchant devoir envers leurs parens et leurs amis ; et l'on peut soutenir qu'ils ont bien fait sans que, pour cela, on puisse être accusé de manquer au respect dû à la religion de l'état.

Quelques écrivains, s'appelant catholiques, mais en tout cas bien peu animés de l'esprit de charité envers le prochain, ont poussé l'indécence dans cette controverse jusqu'à imprimer que le cimetière du père Lachaise était *athée !* Sont-ils donc athées, ces militaires qui, escortant leur frère d'armes jusque dans les retranchemens de la mort, viennent déposer sur sa tombe un cyprès entrelacé de lauriers ? Sont-ils athées ces académiciens qui, voyant tant de génies divers renverser le flambeau qui fut leur symbole, viennent associer l'idée de la gloire qui suit les grands hommes à celle de l'éternité qui les attend ? Est-il athée, le magistrat (1) qui, d'une voix accoutumée à ne prononcer que les oracles de la justice, déplore la perte de celui de ses collègues qu'une mort prématurée enlève aux nobles fonctions qu'il exerçait avec tant de droiture et de candeur ? Est-il athée, le frère (2) qui arrête pour un instant encore le bras du fossoyeur pour adresser à son frère un éloquent et solennel adieu ? Un tel cimetière athée ! lui qui recèle une si noble partie de tout ce que, depuis quelques années la France a perdu de plus grand ! Trouvez un autre point sur le globe où le jour de la résurrection promette un spectacle égal à celui de tant d'âmes généreuses arrachées à la nuit du tombeau !

Mais revenons à l'autre extrémité de la vie.

Des refus de baptêmes ont également eu lieu : et le journal, en rapportant les faits a montré le péril où de pareils refus engageraient la religion catholique, en publiant la lettre du sieur Reynaud, qui, ulcéré d'un refus de ce genre, avait immédiatement porté son fils, de l'Église catholique d'où il avait été repoussé, à un temple protestant où l'on s'était empressé de l'accueillir.

Le fait était vrai, la lettre positive : en ra-

(1) M. Jaubert faisant l'éloge de M. Bourguignon, et M. le Poitevin disant, avec ses cheveux blancs, au tombeau de M. Hardoin, « je pleure en lui un maître. »
(2) E. Dupaty au tombeau de son frère.

contant l'un et publiant l'autre, le journal a voulu
faire naître des réflexions dont les ministres de
la religion catholique devront profiter, en leur
apprenant, comme disait l'arrêt du parlement
d'Aix, à être *plus attentifs à ne pas exposer le salut
des âmes ;* mais ni ce fait en lui-même, ni le récit qu'en a donné *le Constitutionnel* ne pouvaient
être pris pour une atteinte au respect dû à la religion de l'état.

Un jeune homme est repoussé de la sainte table, parce qu'il revenait de Paris, cette *nouvelle
Babylone !* Est-ce là une cause licite de refus ?

Un curé refuse de faire faire la première
communion à un enfant, se fondant sur ce que
son père *n'allait pas à confesse.* En racontant le
fait, on a pu, sans offenser la religion, l'accompagner de cette réflexion toute morale :

> Dieu ne recherche point, aveugle en sa colère,
> Sur le fils qui le craint, l'impiété du père.

La prose de l'arrêt d'Aix est bien autrement
énergique.

Enfin *le Constitutionnel* a pu légitimement signaler plusieurs refus de parrains, fondés sur
des causes non canoniques et souvent les plus
légères, à en juger notamment par celle-ci, qui
se trouve attestée ouvertement par le certificat
même que le curé refusant n'a pas craint d'en
donner, et que, par cette raison, je ne crains

pas de publier : « Je soussigné, curé de Pont-
» Saint-Maxence, certifie à tous qu'il appar-
» tiendra, que dans le refus que j'ai fait d'ad-
» mettre M. Drulin pour parrain, je n'ai *pas eu*
» *d'autre raison* que celle de *son état de joueur*
» *de violon.* »

A Pont, *le 26 janvier* 1825.

Signé, Fuiret.

J'excuse sans doute les intentions de ce curé ;
il a cru bien faire ; mais il n'en est pas moins
vrai qu'il a méconnu les devoirs de son ministère. *Le Constitutionnel* se trouve donc sur
la ligne de la vérité pour les faits qu'il a signalés, et sur la ligne des vrais principes pour les
conséquences qu'il en a tirées sous le rapport de
l'ordre public et de la nécessité où sont les ministres du culte de ne point y porter atteinte en
abusant de leur ministère.

En dénonçant ces refus irréfléchis de sacremens, il n'a fait que ce qu'on faisait autrefois.
La seule différence du siècle passé avec l'époque
actuelle, c'est qu'aujourd'hui on laisse en paix
ceux qui refusent les sacremens, tandis qu'on
poursuit en tendance ceux qui publient ces refus
pour en diminuer le nombre et en réprimer le
scandale.

A côté des refus de sacremens, viennent se
placer d'autres faits que *le Constitutionnel* a dénoncés à l'opinion comme constituant des excès

14

de pouvoir de la part de quelques membres du clergé.

De ce genre sont la critique que contient le numéro du 19 juin, sur la circulaire de M. l'abbé Thomas, *grand-écolâtre* de l'église de Châlons-sur-Marne, au sujet de l'impression des livres d'école du diocèse. Suivant l'acte d'accusation, qui partout prête au *Constitutionnel* la brûlante énergie de son style, « quelques *précau-* » *tions paternelles*, prises par un évêque pour » prévenir la distribution des livres non véri- » fiés dans les églises soumises à sa sollicitude, » sont *des abus d'autorité abominables.* » Non, non, je le répète par deux fois, *le Constitutionnel* n'a point dit que des précautions qui auraient eu ce caractère purement paternel fussent des abus d'autorité abominables; mais il a dit, voici ses propres termes : « Encore un nouvel *empié-* » *tement* de l'autorité ecclésiastique sur l'autorité » civile. » Il expose ensuite que la lettre de M. l'abbé Thomas a pour objet d'annoncer que monseigneur l'évêque de Châlons a accordé un *privilége exclusif* à M. Demonville, imprimeur-libraire à Paris, pour l'impression des livres d'école de son diocèse, avec injonction à tous les maîtres et maîtresses, instituteurs et institutrices de ne pas faire usage d'autres livres. Ce fait a été dénoncé au *Constitutionnel* par d'autres libraires, avec instance par écrit de lui donner *la plus grande publicité.*

A cette demande est jointe la lettre de M. le grand-écolâtre, et un prospectus imprimé de M. Demonville, qui se targue, au détriment de toute la librairie, du privilége qu'il dit avoir obtenu à l'exclusion de ses confrères. *Le Constitutionnel* voit là un empiétement du clergé de Châlons sur lès attributions légales de l'Université, à qui seule, dit-il, appartient le droit de désigner les livres qui doivent servir à l'instruction des élèves (1) : et il termine par cette réflexion dont la justesse me dispensera d'y rien ajouter : « Avons-nous tort de croire à l'*ambi-*
» *tion de certains membres* du clergé, de soup-
» çonner leurs projets d'envahissement, et de
» redouter les suites et les dangers de l'influence
» qu'ils voudraient ressaisir ? Avons-nous tort
» d'*avertir tous les jours le gouvernement des pé-*
» *rils qui le menacent?* Sommes-nous des calom-
» niateurs lorsque nous répétons sans cesse que
» le clergé, non content du pouvoir qu'il est
» appelé à exercer, attend le moment favorable
» de s'emparer du pouvoir temporel qu'il con-
» voite avec tant d'ardeur? »

(1) Cette assertion du *Constitutionnel* sur le droit qu'a l'autorité temporelle de surveiller par elle-même les livres d'enseignement, et même l'enseignement religieux, est attestée par l'édit de Louis XIV du 23 mars 1682, relatif a l'enseignement de la déclaration du clergé; par l'art 24 de la sect 2 du tit. 2 de la loi organique du concordat de 1801; et par l'ancienne jurisprudence des arrêts, qui offre de notables decisions sur cette matière.

N'est-ce pas encore, je ne dirai point comme l'accusation, *un abus d'autorité abominable*, mais en termes plus mesurés, *un abus intolérable*, que de voir un prédicateur prendre occasion du droit que lui seul a de monter en chaire, pour apostropher quelqu'une de ses paroissiennes en la désignant? N'est-ce pas un délit, dont les parties intéressées seraient en droit de demander judiciairement réparation? Et déjà n'ai-je pas cité, en effet, l'arrêt du parlement d'Aix (conforme en cela même à nos lois nouvelles) qui enjoignait au curé de Perricard, d'être *plus réservé en ce qui touche l'honneur de ses paroissiens?* Ne trouvons-nous pas des dispositions analogues, et dans la loi de germinal an 10, et dans le code pénal de 1810? Eh! bien, le fait qu'a dénoncé *le Constitutionnel* est précisément un fait de cette espèce.

On n'a nommé, dit-on, ni le curé, ni la femme. Mais fallait-il, en la faisant connaître, ajouter encore à l'injure qu'elle a reçue? Quant au curé, ne suffisait-il pas d'énoncer le fait pour éveiller la surveillance de l'autorité supérieure?

Au surplus, c'est bien vainement qu'on essaierait de révoquer ce fait en doute; car je tiens à la main un certificat signé par douze habitans, dont plusieurs sont des fonctionnaires publics de l'ordre administratif et judiciaire. (Mᵉ. Dupin lit ce certificat, qui atteste la vérité de toutes les circonstances rapportées par *le Constitutionnel.*)

Maintenant, Messieurs, je le demande, est-ce le curé qui a raison d'avoir agi ainsi, ou *le Constitutionnel* qui a tort d'avoir révélé sa conduite? Faut-il observer l'Évangile ou le réquisitoire (1)?

Annonce de délits imputés à des ecclésiastiques.

Les journaux ne sont-ils pas essentiellement ouverts à l'annonce de toutes les nouvelles, de tous les événemens que la notoriété, le bruit public, la renommée portent à leur connaissance? Ne sont-ils pas de tous temps en possession d'annoncer les assassinats, les empoisonnemens, les vols, les poursuites judiciaires, les plaidoiries, les arrêts et même les réquisitoires? Cette annonce n'est-elle pas salutaire, soit par l'éveil qu'elle donne immédiatement à tous les fonctionnaires publics, dans le ressort desquels les coupables auraient pu se réfugier, soit pour tenir le public en garde contre les divers genres d'attaques, de surprises ou d'escroquerie qui lui sont signalés, soit enfin pour lui montrer que la justice veille, qu'elle poursuit le crime, et qu'elle sait l'atteindre et le punir? Voit-on

(1) Le *Journal de Paris* a ainsi rendu la phrase : « Faut-il craindre dans le réquisitoire, ou espérer dans l'Évangile ? »

qu'en cette matière, et d'après nos lois, les gens d'église jouissent de quelque exemption? Le Code pénal ne prévoit-il pas les délits qu'ils pourront commettre comme ceux des autres citoyens? ne les voit-on pas, rarement sans doute, mais quelquefois enfin, l'objet de la surveillance et des poursuites de l'autorité? et n'est-il pas permis d'annoncer le crime de Mingrat comme celui de Papavoine? On l'a pu, on l'a dû, et on est parvenu du moins à le forcer à la fuite; on a purgé le sol français de sa présence.

M. l'avocat général nous a dit que Mingrat avait été emprisonné pour le reste de ses jours dans un pays voisin; mais une prison perpétuelle infligée par un ordre verbal est-elle une punition légale? Est-ce par un acte arbitraire qu'on punit le crime d'avoir coupé en pièces une de ses pénitentes?

Et ce curé du canton de Blois! C'est ici, Messieurs, que vous allez apprécier l'utilité de ces sortes de publications. *Le Constitutionnel* nous a appris que ce curé n'avait pas voulu prier pour Charles X; mais ce que vous ne savez pas, c'est que ce qu'il a fait pour Charles X, il l'avait fait déjà pour Louis XVIII! (Vive sensation.) Oui, Messieurs, des prières avaient été demandées pour l'auteur de la charte, mais il était damné dans l'opinion du curé de Blois; les prières n'eurent pas lieu. Ce premier fait n'a pas été publié; on n'a pas poursuivi.

Mais de nouvelles prières furent ordonnées
pour Charles X; il n'était pas encore sacré ;
il n'avait pas encore juré la Charte comme Roi.
Dans le doute qu'affecte le curé, il consulte son
auditoire, et met aux voix la damnation de son
Roi; sur 300, 200 se lèvent pour. Alors le
curé remet le mandement dans sa poche, et les
prières n'ont pas lieu. Comme il s'agissait d'un
roi vivant, et non plus d'un roi mort, le fait
signalé n'ayant pu être long-temps contesté, a
fini par être poursuivi et puni

Voilà, Messieurs, l'utilité de la liberté de la
presse ! voilà la force qu'elle prête aux fonctionnaires publics, qui souvent en ont besoin,
puisqu'ils sont, comme nous, obsédés, pressés,
assiégés par ce qu'on sait, par ce qu'on voit, par
ce qu'on sent, par ce qu'on n'ose dire, mais par
ce dont on ne peut douter, si l'on est de bonne
foi.

L'affaire du curé de Carville a été annoncée
dans les termes les plus simples; on a seulement
dit qu'il y avait procès à huis clos, sans du
reste donner aucuns détails. Eh bien ! le fait de
ce procès est constant : le jugement prononcé
en audience publique atteste que cette affaire
n'avait rien de politique. En voici quelques
considérans — : « Attendu que, si, des dépo-
» sitions de quelques témoins à charge, il ré-
» sulte que le sieur Lefebvre ait pris les mains
» aux uns, les bras à d'autres; que s'il les a

» pressés, que s'il a porté sa main sur leur poi-
» trine, sur leurs genoux, sur leurs cuisses , sur
» leurs visages, on ne peut raisonnablement en
» induire que ces attouchemens aient eu pour but
» d'attenter aux mœurs, ni d'exciter à la débauche
» et à la corruption ; mais bien , comme l'a dé-
» claré le sieur Lefebvre dans son interroga-
» toire , de faire passer dans l'âme de ceux avec
» lesquels il a agi de cette manière les senti-
» mens religieux dont il était animé. » (Éclats
de rire dans l'auditoire.)

Mᵉ. Dupin , s'adressant pour la troisième fois
aux spectateurs. — Paix donc , Messieurs ! je
vous le répète, il s'agit des questions les plus
graves ! vous ne saisissez que le côté plaisant , il
faut surtout voir les conséquences.

L'arrestation du curé de Mauriac est également
constante , continue l'avocat, et en l'annonçant
le Constitutionnel a même eu cette discrétion , de
ne pas énoncer les deux crimes dont il est accusé , et qui surpassent celui de Mingrat.

Où donc, en tout cela, est la tendance à porter atteinte au respect dû à la religion? Des
prêtres criminels ont-ils rien de commun avec
la religion ? N'est-elle pas la première à les repousser, à les condamner?

Vous dites qu'on ressasse de pareils faits,
qu'on se plaît à les empoisonner! Mais les crimes de Mingrat sont-ils donc de ceux qu'on

empoisonne? Oui, Messieurs, il est permis, il est du devoir des écrivains de dire toujours et de répéter sans cesse : Mingrat! Mingrat! jusqu'à ce que le pays, la loi et la justice, aient obtenu satisfaction!

M. Dupin, qui vient de parler pendant deux heures, demande cinq minutes de repos. La séance est suspendue pendant quelques instans.)

Anecdotes exotiques.

J'arrive, reprend l'orateur, à ce que le réquisitoire appelle des *anecdotes exotiques*, et je me demande d'abord si M. le procureur général près la cour royale de Paris est chargé de venger les offenses commises à l'étranger.

Qu'importe donc à la religion catholique, considérée en France comme la religion de l'État, que le bourreau à Rome ait ou non flétri sur la place de Trévi, un boucher qui avait mangé de la viande dans une auberge le vendredi? Cette nouvelle, fût-elle fausse, n'est assurément pas un encouragement à transgresser le 6e. commandement de l'église. Mais *le Constitutionnel* ne l'a pas inventée; il l'a empruntée à la gazette allemande, ayant pour titre : l'*Allgemeine Zeitung* (ou Gazette Universelle), n°. 169, du 18 juin, 1825, pag. 3, col. 2, qui est le journal d'Alle-

magne le plus estimé et le plus répandu. Cette
nouvelle y est même accompagnée de réflexions
que *le Constitutionnel* a négligé de reproduire,
et qui toutefois ne manquent pas de justesse, sur
le danger d'affaiblir le ressort pénal en appli-
quant à de simples contraventions, des peines
qui, partout ailleurs, sont réservées aux grands
crimes.

Et vous remarquerez, Messieurs, que la gazette que j'ai citée est un journal censuré ; car,
vous le savez, cette bonne Allemagne a sa censure comme sa diète.

Mais, Messieurs, remarquez la coïncidence ;
voici un jugement du tribunal correctionnel de
Céret, dûment timbré, légalisé, enregistré,
qui condamne un boucher, non pas au carcan,
il est vrai, mais par voie correctionnelle, pour
avoir mangé de la viande un samedi (mouvement
marqué dans l'auditoire) ; il faut ajouter que ce
jugement a été réformé sur l'appel, mais, vous
le voyez, ce qui se fait de l'autre côté des monts
a des échos en France, *et citrà et ultrà*. Ce que
l'on punit à Trévi, on l'incrimine dans le département des Pyrénées-Orientales. Ce n'est pas que
j'approuve cette infraction aux commandemens
de l'église ; mais il n'y a pas en France de loi qui
la punisse, et on ne peut condamner sans un
texte légal. Pourquoi n'a-t-on pas fait au boucher
un procès de tendance ?

 Autre anecdote exotique. A la procession de

Mayence, il y avait, a dit *le Constitutionnel*;
un drapeau portant cette inscription : *Philoso-*
phia. Eh bien ! oui, Messieurs, ce drapeau s'y
trouvait, parce qu'il y avait à cette procession
les élèves d'une classe de philosophie. (Rire général.) Si les ignorantins y avaient assisté, ils
auraient eu aussi leur drapeau et leur inscription. Mais rassurez-vous; la procession était escor-
tée par un détachement militaire, ayant à sa
tête un capitaine autrichien !

Le Constitutionnel a annoncé dans son numéro du 13 mai, que « la commune *ci-devant*
» *française* de Versoix est à la veille d'embras-
» ser le protestantisme. »

Cette nouvelle avait déjà été annoncée plus de
trois mois auparavant par *le Pilote*, dans son
numéro du 1er. février, et dans une brochure
in-8°. imprimée à Lyon chez Boursy, sous le titre
de *six derniers mois de M. Mudry à la cure de*
Versoix. On peut lire pages 29 et 30 une *adresse*
des principaux habitans de Versoix à Mgr. l'évé-
que de Lausanne, et y remarquer le passage qui
commence par ces mots : *Si notre attente était*
trompée, etc. Cette pièce est signée du maire et
du conseil municipal de Versoix.

Ainsi le fait est matériellement constant.

Tant pis pour cette commune, diront dans
l'amertume de leur cœur tous les vrais catholi-

ques qui s'intéressent sincèrement au salut de
leur prochain. Mais si la conversion de cette
commune peut toucher ainsi les bonnes âmes,
sous le rapport de cette charité chrétienne qui
s'étend à tout, et qui ne s'arrête point aux limites
des gouvernemens ; qu'importe au ministère
public, puisque cette commune n'est plus française, ce qu'on a pu dire de sa prochaine conversion au protestantisme? Il convient seulement
aux vrais amis de la religion catholique d'en
tirer un avertissement utile, en blâmant ou, si
l'on veut, en plaignant ceux qui auraient involon-
tairement préparé ce divorce si pénible à l'église,
par l'imprudence qu'ils auraient eue de retirer
à cette commune un pasteur *qui s'y était fait
chérir*, pour substituer à sa place un nouveau
venu dont l'intolérance irréfléchie aura causé un
tel schisme. En soi, et si nous parlons le langage
de la loi, le fait de passer au protestantisme est
permis(1), comme je le démontrerai en traitant
l'objection de pousser au protestantisme.

(1) Dans l'empire d'Autriche, pays, ou, si l'on veut, gouvernement fort catholique, et ultra-montain du moins par les
états qu'il possède en Italie et ceux qu'il y convoite encore,
ces transmigrations d'un culte à l'autre se font sans difficulté,
après qu'une enquête a constaté le vœu des habitans. La partie catholique des pays récemment acquis par la Russie
nous en offre aussi des exemples. Ainsi, le *Journal de la
Belgique*, du 6 novembre 1825, contient, sous la rubrique
de Pétersbourg (8 octobre), l'article suivant : « La plupart des

On a pu , 'sur' des renseignemens venus de' Tournay, dire qu'un prêtre de ce pays, abusant de la crédulité 'd'un malheureux qui se croyait *ensorcelé*, au lieu de' le rassurer en l'éclairant, avait entretenu la superstition, et l'avait mise à profit en exigeant de lui un certain nombre de pièces d'or pour l'exorciser. (Article du 14 mai.) Ce fait méritait punition ; en tout cas , il était passible de l'improbation de ceux qui ne mettent point la superstition, la sorcellerie et les exorcismes au rang des moyens propres à propager le christianisme.

Mais qu'importe à M. le procureur général près la cour royale de Paris ! qu'il laisse le roi des Pays-Bas défendre son sceptre contre l'encensoir.

Je me borne à dire que ce fait est vrai comme les précédens., Les journaux du pays l'ont annoncé. Nous savons que des tentatives ont été faites pour obtenir aussi dans la Belgique des

paysans de la starostie d'Opalinski, en Volhynie (ci-devant Pologne), ont *quitté le culte catholique pour passer à l'Église grecque orientale*, religion de l'état en Russie. Ils ont refusé de payer les dîmes au clergé catholique. Cette affaire a été un sujet de longues discussions dans le sénat dirigeant, et entre diverses autorités locales. Il a été enfin décidé que les dîmes seraient partagées en proportion de la population ; mais le sénat a, de plus, proposé qu'une commission fût nommée pour examiner tous les cas de cette nature, et pour établir des règles fixes. »

certificats dont on voulait s'armer contre nous ;
on n'a pas pu y parvenir.

Je représente au contraire des déclarations en
bonne forme, reçues devant le magistrat. Le fait
est donc constant.

Du reste , bien loin qu'en cela *le Constitutionnel*
ait voulu généraliser le reproche , et s'autoriser
d'un fait isolé pour en prendre occasion de dé-
verser le blâme sur la religion , ou sur les ministres qui en suivent l'esprit, on remarquera
dans l'article incriminé cette réflexion : que le
prêtre dont on vient de signaler la conduite
simoniaque « ne doit pas être confondu avec ces
» respectables ministres des autels qui honorent
» et font chérir la religion par leurs doctrines et
» leurs exemples. »

Que l'on compare cette modération du *Constitutionnel* en racontant ces *anecdotes exotiques ,*
avec le feu qui scintille dans l'*Étoile*, lorsqu'elle
se mêle avec tant de chaleur aux débats tout
autrement sérieux élevés entre le gouvernement
des Pays-Bas et la fraction ultramontaine du
clergé belge; débats que les hommes sages des
deux pays aimeraient mieux voir apaisés qu'ex-
cités et entretenus par un souffle ardent venu
de l'étranger.

Intolérance de certains prêtres, cause de divi-
sions entre eux et les autorités locales (1).

On reproche au *Constitutionnel* d'avoir dit,
dans son numéro du 24 juin, qu'en plusieurs
lieux *la division existait entre le pasteur et le*
troupeau, entre le curé et l'autorité municipale,
et d'avoir ajouté : « La division règne entre les
» prêtres eux mêmes. Les plus tolérans sont
» déjà en butte aux tracasseries des plus exclu-
» sifs. De vieux curés sont régentés par leurs
» jeunes vicaires. »

D'abord, le fait de querelles survenues en plusieurs communes entre le curé et l'autorité municipale ne saurait être révoqué en doute, et *le*
Constitutionnel peut en donner un exemple. Il
est prouvé par une délibération authentique intitulée : *Renseignemens donnés par le conseil mu-*
nicipal de la commune de Soligny, à M. le pré-
fet de Saône-et-Loire, dont la bonne foi a été
trompée. Les membres du conseil se plaignent
de ce que si leur commune jouit encore de quelque *paisibilité*, il n'en est pas moins vrai « qu'elle
a été momentanément troublée par M. R*, leur
pasteur. » Ils exposent quelles ont été ses exi-
gences pécuniaires, sa prétention de *gérer seul*
les revenus de la fabrique, etc., et ils terminent
par ces mots : « Nous laissons, M. le comte, à

(1) *Le Constitutionnel* n'eût pas été complétement défendu,
si cette objection était resté sans réponse.

» votre sagesse, et à celle de tous ces Messieurs,
» d'apprécier notre position délicate et embar-
» rassante. »

Ce fait authentiquement prouvé au *Constitutionnel* par l'envoi de la délibération, et quelques autres de la même nature, n'ont-ils pas
suffisamment justifié ce qu'il a dit de la division
entre certains pasteurs et leur troupeau?

Quant à la division établie entre les prêtres
eux-mêmes, c'est un fait encore plus général
et plus éclatant. Si la haine vouée à ceux qu'on
appelle *jansénistes* n'est pas encore éteinte, à plus
forte raison celle que la partie du clergé long-
temps appelée *réfractaire* a conservée contre les
assermentés de la constitution civile et même
contre les *assermentés du concordat.* La persécution contre ces prêtres réputés *dissidens* ne
saurait être révoquée en doute. Plusieurs prélats, un grand nombre de pasteurs du second
ordre en ont été les victimes. La salutaire et
antique règle de l'inamovibilité des curés est
fréquemment enfreinte ou méconnue; on ne
les institue qu'avec la clause *quandiù nobis pla-
cucrit,* empruntée au pouvoir 'absolu; et trop
souvent, on les révoque ou on les déplace arbi-
trairement, sans jugement canonique et au mépris des formes qui de toute ancienneté avaient
fait leur garantie.

' « De vieux curés sont régentés par de jeunes
vicaires. » Hélas! oui : et l'on peut dire de ces
jeunes prêtres que M. l'avocat général lui-même

à désignés sous le nom de *desservans inexpéri-
mentés*, ce que d'Aguesseau disait de quelques
jeunes conseillers de son temps qui voulaient
régenter aussi ceux qu'on appelait à si bon droit
les maîtres du parlement.

« Vous le savez, vous qui êtes nés dans des
jours plus heureux, et qui avez blanchi sous la
pourpre; vous le savez, et nous vous l'enten-
dons dire souvent; il n'est presque plus de
maxime certaine; les vérités les plus évidentes
ont besoin de confirmation; une ignorance or-
gueilleuse demande hardiment la preuve des
premiers principes. Un jeune magistrat veut
obliger les anciens sénateurs à lui rendre raison
de la foi de leurs pères, et remet en question les
décisions consacrées par le consentement una-
nime de tous les hommes. » (Tome I, pag. 116.)

A quoi cela tient-il? Il est facile de l'expliquer sans offenser personne.

L'église a fait d'immenses pertes dans le per-
sonnel de ses ministres. Ses rangs éclaircis par
la mort, les persécutions et la félonie (car, selon
mon usage, je ne dissimule aucune vérité), ont
cessé pendant plusieurs années de se recruter.
Les anciens ministres sont devenus de plus en
plus rares : une grande partie des églises se sont
trouvées et sont encore veuves de pasteurs. On
a essayé d'y pourvoir par l'enseignement des sé-
minaires.

Mais d'une part, l'état ecclésiastique n'offrant

plus d'aussi brillans avantages qu'autrefois, le
clergé a été forcé de se recruter le plus souvent
dans les dernières classes de la société.

À Dieu ne plaise que je regarde ceci comme
un mal. Jésus-Christ a pris ses premiers disci-
ples parmi de pauvres pêcheurs. Mais en les
appelant à lui, il ne les a pas laissés se prendre
d'orgueil; la première vertu qu'il leur ait prêchée est l'humilité : Soyez humbles de cœur,
leur disait-il sans cesse. Il faut donc que l'édu-
cation perfectionne le naturel, et que l'instruction vienne au secours de la vocation.

Ces vérités sont encore plus sensibles de nos
jours. Lorsqu'une nation a été divisée en plusieurs partis, il faut une grande expérience des
hommes et des choses, pour ne heurter ni les
intérêts ni les opinions, ou plutôt pour les ral-
lier dans un sentiment commun, l'amour de
Dieu et du prochain.

C'est à quoi excellent la plupart des curés de
l'ancienne roche; ils sont en général tolérans
avec des hommes froissés, aigris ou prévenus, qu'ils savent avoir besoin d'être traités
avec douceur. C'est d'eux aussi que les jeunes
vicaires devraient prendre et l'exemple et le
conseil.

Mais en est-il ainsi ? Pas toujours, et *le Constitutionnel* a raison de le dire. *Les plus tolérans
sont en butte aux tracasseries des plus exclusifs,*

de vieux curés sont régentés par leurs jeunes confrères.

Les mêmes partis qui ont sillonné le corps de la nation, ont stigmatisé celui du clergé. Là aussi se retrouvent des regrets du passé, des espérances de reconquérir, des vues ambitieuses. Sans doute, ce sentiment n'est pas général, puisqu'il n'est pas conforme aux maximes évangéliques : mais qui ne sait qu'en toute association, les plus exagérés devancent les masses, se constituent leur organe, les régentent et leur imposent la loi ?

Si l'enseignement avait été replacé sur les anciennes bases ; si la déclaration de 1682 en était encore le loyal fondement (1) ; si l'on apprenait à ces lévites si jeunes et si ardens que l'Église est dans l'État ; si on ne les berçait pas, au contraire, de l'idée qu'il faut que l'État soit dans l'Église, on ne verrait pas se renouveler tant d'imprudentes tentatives pour soumettre la mairie à la cure, la préfecture à l'évêché, le ministère à la junte apostolique, et le pouvoir temporel au pouvoir spirituel !

Plus ceux à qui l'on prêche ces doctrines sont venus d'en-bas, et plus elles font de ravage dans leurs esprits ; plus ils sont disposés à s'en

_____

(1) Voyez, dans la lettre de M. Tabaraud à M. le procureur général, pag. 12, les faits qui prouvent la résistance apportée à cet enseignement.

laisser pénétrer, à se gonfler d'orgueil, à s'insurger contre tout ce qui leur paraît obstacle à l'œuvre qu'ils se croient chargés d'accomplir.

Le mal n'est pas seulement dans les derniers rangs ; il se manifeste également dans les hiérarchies supérieures ; et beaucoup de gens peuvent dire avec un écrivain ecclésiastique aussi savant qu'orthodoxe : «Je connais tel évêque du » nouveau clergé, sincèrement attaché à la doc- » trine de l'ancien, mais qui est retenu dans » l'expansion de ses sentimens par les surveillans » dont on l'a entouré (1). » Ainsi de deux choses l'une, ou l'évêque est ultramontain, et il domine son clergé dans ce sens ; ou il est gallican, et il est dominé par son entourage.

Sans doute ces maux ne sont pas portés au même point dans chaque diocèse, sans doute aussi ils ne sont que passagers ; mais il s'agit précisément de ce passage ; il s'agit de refaire un clergé avec des élémens nouveaux : un clergé pieux, fidèle, national, ami de nos institutions : et comment y parvenir ? Par une bonne et solide instruction. Alors « les prêtres convenable- » ment instruits deviendront les conseillers des » familles, les consolateurs des infortunés, et » s'environneront de la considération dont ils » doivent jouir pour inspirer l'amour du bien(2).»

(1) *Ibid.*, page 13.
(2) Adresse des ecclésiastiques du grand-duché de Luxem-

C'est ce qui doit arriver surtout dans un pays
comme la France, où l'instruction, qui est devenue générale, forcera les membres du clergé à
s'élever au même niveau ; et où le bon sens des
supérieurs, soutenu de la grâce de Dieu, leur
fera sentir qu'avec de l'orgueil, de l'exigence
poussée trop loin, de l'intolérance, de l'ultramontanisme et de l'inquisition, les ministres
catholiques feraient peu de fruit, chez un peuple devenu plus fier, ami de l'égalité, ennemi
du fanatisme, en qui les sentimens patriotiques
ont acquis une grande énergie, que l'amour
d'une juste liberté rend ennemi de toutes les
formes qui la blessent, et qui, plein d'un véritable respect pour la religion de ses pères,
et pour les ministres qui savent la prati-
quer et l'enseigner convenablement, serait
aussi sans indulgence pour ceux qui prêteraient outre mesure à la plainte ou même au
ridicule.

*Reproche de pousser au protestantisme ou néant
religieux.*

J'arrive à un reproche plus général et bien
autrement grave, celui *de pousser au protestantisme ou néant religieux*. Tels sont les termes de

bourg au roi des Pays-Bas, du 8 septembre 1825, au sujet
de l'établissement du collége ecclésiastique.

l'accusation répétés par deux fois, en deux endroits différens du réquisitoire.

Si cela veut dire que *protestantisme* est la même chose que le *néant religieux*, c'est une erreur manifeste, puisqu'une religion, quelle qu'elle soit, est toujours par elle-même, l'opposé du *néant religieux*. Ce serait en outre une injure grave aux protestans, que nos lois protégent et que les magistrats doivent protéger aussi. Or, cette injure, ils l'ont vivement ressentie, à en juger par les plaintes qu'ils en ont portées (1).

Si, au contraire, l'acte d'accusation a prétendu accuser *le Constitutionnel* de pousser soit au *protestantisme*, soit au *néant religieux*, c'est-à-dire à l'*athéisme*, comme objets distincts, alors l'accusation tombe d'elle-même, car elle porte sur une contradiction inadmissible. Conçoit-on, en effet, la possibilité de porter tout à la fois à embrasser une religion nouvelle, parce qu'on la

_____

(1) Qu'on lise la lettre de M. Cocquerel, rédacteur de la *Revue protestante*, insérée dans le *Courrier français* du 17 novembre, la réplique du même à la *Quotidienne*, insérée dans le *Constitutionnel* du 19, et l'article signé D. E. Sc., dans la *Revue protestante*, tom. 2, liv. 4, pag. 145 et suiv. ; et l'on y verra à quel point les protestans se sont sentis blessés par le réquisitoire, et les craintes qu'a fait naître chez eux une accusation dont un des griefs serait de *pousser au protestantisme*, et de parler autrement qu'en mauvaise part des catholiques qui se font protestans.

supposerait préférable au régime de celle que l'on se propose de quitter ; et puis, dans le même temps, de préconiser l'athéisme qui, n'admettant aucun Dieu, n'admet par conséquent aucune religion.

Mais revenons au reproche strict de *pousser au protestantisme.*

En droit, et lorsqu'il s'agit d'apprécier une accusation déférée aux tribunaux chargés de la juger suivant les lois pénales , il faut se demander si, aux yeux de cette loi, il est défendu de pousser au protestantisme ?

Suivant l'article 5 de la charte royale, consacrée par un serment qu'a reçu le clergé catholique de France (1), *la liberté de conscience* est une loi de l'état ; *chacun obtient pour son culte la même protection,* et en effet, dans la loi du 17 mars 1822 , l'article 3, celui-là même en vertu duquel *le Constitutionnel* est poursuivi, en même temps qu'il *défend de porter atteinte à la religion de l'état,* ajoute immédiatement, *ou aux autres religions légalement reconnues en France.*

Or, le protestantisme est légalement reconnu en France (2). Comment donc serait-il défendu

(1) Le serment du sacre.

(2) Voyez la loi du 18 germinal an 10 ; les réponses de nos rois aux consistoires à toutes les époques solennelles ; celle de Charles X au président du consistoire, lors de son

de pousser au protestantisme s'il est permis de pousser au catholicisme? et si pousser au catholicisme, avec toute l'impulsion que peuvent donner des missions publiquement tolérées, n'est pas regardé comme une atteinte portée au respect dû au protestantisme comme religion légalement autorisée ; comment pousser au protestantisme, en conseillant de l'embrasser à ceux qui se croiraient blessés par le catholicisme, serait-il davantage une atteinte au respect dû à la religion de l'état ? Ne voit-on pas tous les journaux catholiques célébrer, dans l'occasion, la conversion des juifs (1) ou des protestans? Pourquoi, si la protection est égale de fait comme elle l'est de droit, serait-il défendu (je raisonne toujours d'après la loi pénale), comment serait-il défendu d'annoncer de semblables conversions (2) ou de les présenter comme prochaines?

Ah! Messieurs, que ceux qui redoutent, dans

avénement, et encore le 1er. janvier 1825 « Soyez sûrs que » je n'oublierai pas une parole de ce que je vous ai dit (à » l'époque de l avenement), et que je suivrai mot à mot ce » que le roi mon frère a fait pour vous Croyez que tous les » Français sont égaux dans mon cœur, et ont un égal droit » à ma protection. »

(1) Que n'a-t-on pas imprimé sur celle de Haller?

(2) C'est ce qu'avait fait le Courrier français, en annonçant celle d'un sieur Mollard Lefèvre, dans son numéro du 3 juillet 1825. Ce numéro a été saisi (voyez numéro du 2 août).

(129)

l'intérêt de la religion catholique, les progrès
du protestantisme, se reportent aux causes qui
l'ont introduit dans la chrétienté. La religion,
défendue par les vertus de ses vrais pasteurs,
n'a jamais été mise en péril que par la cupidité, l'ambition, l'orgueil, l'esprit de domination et d'avarice qui ont quelquefois déshonoré
la conduite de quelques-uns de ses ministres.
Ceux-là seuls ont poussé et poussent encore au
protestantisme, qui font de leur ministère *métier et marchandise.*

N'est-ce pas Rome elle-même, avec ses abus,
ses tarifs, et son négoce d'indulgences, qui a
prêté aux novateurs des prétextes dont ils se sont
emparés? Je veux vous montrer jusqu'où, sur
ce point, on a poussé le scandale, en vous ci-
tant un article de cette taxe, réimprimée en
1821. Page 58, on lit : « *Du sacrilége, du vol,
» et des divers crimes de ce genre.* L'absolution
» et réhabilitation de tous ces crimes, avec as-
» surance contre toute poursuite, pour chacun
» d'iceux, 131 livres 6 sous. »

Voilà, Messieurs, la légère prime dont les
banquiers de Rome se contentaient pour rédimer
d'un crime pour lequel chez nous on fait jaillir
le sang par deux fois!

Réclamation de M. Cocquerel (numéro du 4 août). Autre
de M. Benjamin Constant (numéro du 15 août). Alors on a
laissé *périmer* la saisie.

Si à temps utile, comme le voulaient les plus
sages d'entre les catholiques, l'Église eût ré-
primé d'elle-même les plus crians abus, le protestantisme, livré à ses propres *variations*, n'eût
plus eu de prétexte plausible pour se maintenir :
il fût rentré dans le giron de l'Église universelle, et l'on n'aurait pas à gémir sur une sépa-
ration qui a coûté tant de sang aux peuples, et
de regrets aux véritables fidèles.

Assertion que le Constitutionnel n'a jamais dit un
mot, un seul mot en faveur des vertus et des
bienfaits qui naissent d'une piété sage et éclairée.

Je conçois cette objection si l'acte d'accusation
n'a été fait que sur les articles incriminés envoyés directement des bureaux de la police suivant le mode que j'ai eu occasion de signaler à
la cour dans le procès des auteurs de la biogra-
phie des contemporains (1).

Je ne la conçois pas si M. le procureur-général a lu lui-même le trimestre du *Constitu-*
tionnel sur lequel on base l'accusation de tendance.

Car alors, à côté des articles, qu'il aura cru
pouvoir prêter à l'idée d'une tendance coupable,
il est impossible qu'il n'en ait pas remarqué,

(1) Voyez *Annales du Barreau français*, tom. X, 1re. part ,
p. 613 et suivantes.

plusieurs qui contiennent un éloge sincère *des vertus et des bienfaits qui naissent d'une piété sage et éclairée.*

S'il ne s'agissait que *d'un article isolé, jeté au hasard* par *le Constitutionnel*, on pourrait excuser l'accusation, et supposer qu'un passage fugitif a échappé au regard naturellement fort attentif du ministère public.

Mais, en parcourant le premier semestre de 1825, et en m'arrêtant à la date de l'acte d'accusation, à partir de laquelle on pourrait supposer que *le Constitutionnel* a modifié son langage, on rencontre vingt-cinq articles (1), tout en faveur du clergé, et qui ont pour objet de louer tantôt un discours ou un mandement où respire la charité évangélique ; tantôt une bonne action qui honore la vertu d'un prélat ou d'un modeste pasteur de campagne ; on y trouve plusieurs articles nécrologiques consacrés à l'éloge de vertueux pasteurs regrettés de leur troupeau : partout les rédacteurs du *Constitutionnel*, déclarent adhérer à la doctrine de Bossuet de Pascal et de Fénélon : et notamment dans le numéro du 8 mai 1825, ils font hautement leur profession de foi, en disant : « Notre catholi-
» cisme, notre religion, nos principes, sont

(1) Ces articles ont été imprimés sous forme de **Mémoire,** et distribués à tous les membres de la cour.

» ceux de tous les bons Français, c'est-à-dire
» des auteurs des Provinciales, de Télémaque et
» du Discours sur l'histoire universelle. »

Certes, il faut l'avouer, voilà des gens qui
poussent singulièrement au protestantisme ! en
déclarant adhérer à Bossuet, le plus grand comme
le plus puissant adversaire des protestans, qui
dans son livre *des variations* leur a poussé les
argumens les plus forts et les plus décisifs dans
le sens de la foi dont il était l'apôtre.

La chose est au point, Messieurs, que si nous
voyions jamais un procureur-général protestant,
aussi zélé pour sa croyance que M. le procureur-
général actuel l'est pour la sienne, rien ne lui
serait plus facile que de prouver que *le Constitutionnel* est coupable de *pousser au catholicisme.*
Il aurait même pour cela un double argument,
en disant : 1°. *le Constitutionnel* pousse au catholicisme, car il loue, toutes les fois qu'il en trouve
l'occasion, les ministres catholiques à raison
de leurs mandemens, de leur charité, de leur dévouement au malheur et à la faiblesse humaine :
2°. Il pousse au catholicisme, même par les reproches qu'il adresse aux mauvais prêtres, car
il les sépare ainsi des bons, et il montre que
leurs torts individuels n'ont rien de commun
avec la pureté de la foi qu'ils enseignent.

On peut maintenant apprécier le passage de
l'accusation que je discute en ce moment, et se
demander comment M. le procureur-général a

pu accuser *le Constitutionnel* s'il ne l'a pas
même lu ! et s'il l'a lu, comment, en présence
de vingt-cinq articles tous favorables à la religion catholique et à ses ministres, il a pu reprocher à ce journal de n'avoir *jamais* dit *un mot*,
UN SEUL MOT en faveur ?

' Pour vous, Messieurs, qui savez à présent
combien ce reproche est immérité, n'êtes-vous
pas disposés à vous dire : Singulière tendance,
en effet, qui ne blâme dans les ministres de la
religion que ce que la religion elle-même condamne ! qui loue et fait valoir toutes les vertus
qu'elle approuve et qu'elle recommande ! Il est
évident que *le Constitutionnel* n'a pas voulu
porter atteinte à la religion de l'état , et que
tous ceux qui chaque matin forment leur opinion
sur celle du *Constitutionnel* ne sont pas ame-
nés, comme le prétend M. le procureur-général,
par une pente insensible, à ne voir dans la religion catholique qu'une source de fanatisme ,
d'orgueil et de persécution.

*Reproche d'avoir présenté le catholicisme comme
opposé à la liberté, et inconciliable avec les
gouvernemens constitutionnels.*

S'il était vrai que le catholicisme fût opposé à
la liberté, je le plaindrais ; car le réquisitoire
lui-même reconnaît et proclame que *le peuple
français veut la liberté.*

C'est en effet le vœu du siècle; c'est le cri du monde civilisé.

Mais il serait bien faux de dire que notre sainte religion est opposée à la liberté. Il est de fait, au contraire, que Jésus-Christ a appelé tous les peuples aux bienfaits de la liberté : le christianisme a aboli l'ancien esclavage; il a adouci le malheur des noirs, et, le roi très-chrétien a le premier donné l'exemple de leur émancipation! Le gouvernement de l'Église, d'après ses véritables lois, est le type des monarchies constitutionnelles (1) regardées comme la forme de gouvernement la plus parfaite; et qui concilie le mieux, avec l'unité d'action, les droits et les intérêts de tous les membres de la société (2).

- Mais avec le temps un esprit s'est manifesté qui n'est pas celui du christianisme : un rêve de

(1) Voyez mon Commentaire sur les *Libertés de l'Église gallicane*, pag. 55. — Il est remarquable que la plus notable altération de la discipline constitutionnelle de l'église se trouve dans l'abolition de la *loi électorale* consacrée par la pragmatique de saint Louis.

(2) La religion catholique s'allie très-bien en Amérique avec toutes les formes de gouvernement; empereur, président, république, régime colonial. Le séminaire de Montréal, en Canada, n'a jamais eu de querelles théologiques avec les anglicans, et le gouvernement n'a jamais eu à lui reprocher de troubler l'état par l'importation de doctrines transatlantiques.

je ne sais quelle domination universelle, étendue
même sur la personne sacrée des rois, sur l'indépendance des états, et les droits légitimes de
tous les peuples; esprit d'envahissement et d'u-
surpation auquel la France a su résister par les
vertus, les lumières, et, il faut le dire aussi, le
patriotisme de son clergé (1), la fermeté de ses
plus grands rois (2), la vigilance et la vigueur
des magistrats; tendance qu'il a fallu repousser
par les armes et par les lois, par la controverse
et par les arrêts.

Nier que certains papes aient voulu s'arroger
la monarchie universelle, déposer les rois indo-
ciles à porter un joug qu'on leur présentait
comme sacré, et délier les sujets du serment de
fidélité, ce serait nier toute l'histoire! Révoquer
en doute qu'un grand nombre d'hommes, dé-
voués à l'ambition de quelques pontifes, aient
cherché dans tous les temps à propager cette
doctrine et à la faire prévaloir, ce serait mé-

(1) « Non, dit le cardinal de Bausset, en parlant de l'é-
» glise gallicane, cette église n'oubliera pas que sa plus
» grande gloire est d'être la seule qui ait eu un esprit *natio-*
» *nal*. (*Vie de Bossuet,* tom. 2, pag. 103.) Il ne faut con-
sidérer le livre intitulé *des Évêques ou Tradition des Faits*,
que comme une objection grave qui a sa réponse dans la déclaration du clergé de 1682.
(2) Il est à remarquer que nos plus grands rois sont ceux
qui ont le mieux défendu les droits de leur couronne contre
la cour de Rome, saint Louis, Henri IV, Louis XIV, en 1682.

connaître le fait le plus authentiquement constaté.

C'est à ces prétentions, à ces *tendances* que le *Constitutionnel* a déclaré la guerre. Ce n'est pas au catholicisme comme religion, mais à l'ultramontanisme comme opinion que *le Constitutionnel* a imputé des doctrines antipathiques avec la liberté du peuple et la souveraineté du trône.

Un orateur de la chaire, aujourd'hui placé au ministère, a dit dans l'un de ses ouvrages (1), *Soyons gallicans, mais soyons catholiques.* Le *Constitutionnel* n'a pas récusé cette proposition, seulement il en a renversé les termes : Soyons catholiques, a-t-il dit, mais aussi soyons gallicans.

Au surplus, Messieurs, on a pu juger de l'esprit du *Constitutionnel* dans une occasion mémorable, une vaste délibération ouverte sous les yeux du monde, celle de l'émancipation des catholiques d'Irlande.

Si *le Constitutionnel* eût été bien convaincu que la religion catholique est ennemie de la liberté des peuples, il eût pris parti dans cette lutte pour ceux qui résistaient à l'émancipation; il eût réveillé les préventions contre les papistes, effrayé sur une rentrée en grâce qui ne demande d'abord que le concours, et qui, bientôt après,

(1) *Les vrais principes de l'Église gallicane* 1818, in-8°.

soutenue d'un appui étranger , voudra réclamer la domination. Non , Messieurs, plus conséquent avec ses principes , plus juste envers les catholiques, il a, dans cette mémorable discussion , invoqué les principes de la tolérance universelle, fait valoir comme maxime le mot du ministre célèbre qui, d'une voix généreuse et forte, avait salué les peuples de ce vœu solennel : *Liberté civile et religieuse dans les deux mondes !* Ce n'est donc pas seulement par les raisonnemens , mais par les faits , que je réfute l'acte d'accusation.

Si la question a été ajournée (car je ne la regarde point comme perdue), c'est à cause de la tendance inquiétante de quelques meneurs catholiques....

RÉSUMÉ.

Après avoir parcouru ces divers chefs, Mᵉ. Dupin résume sa discussion.

Tous les faits sont vrais , dit-il ; aucun n'a été contesté. S'ils étaient de nature à l'être, pourquoi le ministère n'a-t-il pas usé de son droit ? A-t-il voulu tendre un piége? comme l'a très-bien dit *le Journal des Débats* qui , dans cette circonstance, a noblement défendu les principes.

Au surplus, *le Constitutionnel* en appelle à une enquête. M. l'avocat-général la croit inutile. Il a parlé de son dossier et de certificats ; mais, Messieurs, si , même en matière civile, on rejette de pareilles preuves , les admettrez-vous en

18

(158)

matière pénale? Est-ce à la police à instruire
pour la justice? et y a-t-il pour vous une instruction légale dans des enquêtes auxquelles n'aurait
pas présidé un magistrat, surtout à une époque
où la dépendance absolue des fonctionnaires su-
balternes est préconisée par le ministère?

Mᵉ. Dupin en conclut que si, des trente-quatre articles signalés, on en retranche tous ceux
dont il a démontré l'exactitude, en procédant
par voie de soustraction, l'accusation se trouvera
réduite à zéro; car un procès de tendance, ré-
sultant d'une succession d'articles, est une affaire de calcul.

J'avouerai franchement, au surplus, conti-
nue-t-il, que dans les articles incriminés se
trouvent plusieurs expressions que les convenances désavouent. Les formes ne gâtent jamais
rien, et elles réparent souvent beaucoup de choses. L'opposition n'ayant pas pour elle le nombre,
doit toujours avoir pour elle la raison : c'est une
sorte de censure qui exige un peu de la pudeur
et de la vertu de Caton. Il serait donc désirable
que les littérateurs distingués, les hommes vraiment pieux qui sont à la tête du journal, veil-
lassent avec plus de soin sur les rédactions su-
balternes, et n'admissent pas sans une sévère
révision les articles qui leur sont adressés de la
province.

Mais cet aveu sincère de ma part ne fait pas
que le Constitutionnel soit coupable; et entre

deux partis, celui d'immoler la liberté de la presse à cause de quelques expressions peu châtiées, et celui d'improuver ces expressions en maintenant la liberté, votre choix n'est pas douteux.

Je termine, Messieurs, en appelant vos méditations sur des considérations plus élevées.

L'accusation s'est méprise. M. le procureur-général a vu le danger où il n'était pas ; il s'est laissé surprendre par les suggestions de ceux qui l'ont fait agir. Les plus gens de bien sont les plus enclins à se laisser abuser par d'honnêtes prétextes : *decipimur specie recti.*

Non, Messieurs, la religion n'est pas menacée. L'état l'est peut-être; et c'est là qu'il fallait porter attention.

Le dernier siècle avait vu s'éteindre les débats théologiques, les querelles religieuses; et pour nous tirer apparemment de ce qu'on appelle notre indifférence en matière de religion, l'on entreprend de les ressusciter ! et l'on peut redire de nos jours ce que M. d'Ormesson disait en 1754 dans une cause de refus de sacrement : « Tous » ces maux semblent revivre aujourd'hui, et » sortir de leurs ténèbres pour venir affliger la » France ! »

Eh ! qui donc, grand Dieu, nous rapporte ces funestes germes de discorde ? D'accord sur la monarchie, qui donc entreprend de nous diviser sur le fait de la religion ? Quels docteurs seront ici reconnus à leurs œuvres !

Hélas ! il n'est que trop vrai, l'hydre a relevé sa tête, les anciennes prétentions sont à l'ordre du jour ; on marche par mille moyens à la conquête du pouvoir temporel sous le manteau de la religion ; la lutte se renouvelle entre les doctrines ultramontaines et les libertés de l'Église gallicane.

Aurons-nous donc toujours des yeux pour ne pas voir !

Quoi ! les écrits abondent où la doctrine de l'infaillibilité et de la suprématie absolue du pape sur les rois est ouvertement prêchée ; des prélats s'arrogent, en quelque façon, le pouvoir législatif dans leurs circonscriptions ; d'autres, en rappelant des règles surannées, incompatibles avec nos mœurs actuelles, jettent par leurs mandemens le trouble au sein de nos cités ; le refus presque général d'enseigner la déclaration de 1682 (1) est flagrant ; Bossuet lui-même, le grand Bossuet, ce héros de la catholicité, dont toute la vie n'a été animée que par cette grande

(1) On ne sait pas assez que la déclaration de 1682 n'a pas été conçue seulement dans l'intérêt des libertés de l'église gallicane et de l'indépendance de la couronne de France, mais dans l'intérêt même de la catholicité, pour maintenir cette unité dont Bossuet était si jaloux et arrêter les progrès du protestantisme, en rassurant les princes protestans,

pensée, *l'unité de l'église*, est aujourd'hui taxé d'hérésie par les ingrats Romains, parce qu'il sut être Français en même temps que catholique ! Notre gouvernement actuel, fondé par Louis XVIII, juré par Charles X, est appelé *révolutionnaire* par les gazettes de Rome ! Les associations religieuses non autorisées, que dis-je ! prohibées par nos lois, se multiplient de toutes parts ; les congrégations nous cernent et nous entourent ; il existe un *parti ardent religieux ;* ce parti a ses écrivains, ses prédications urbaines et rurales, ses journaux, ses dupes, ses protecteurs ; *in hoc vivimus, movemur et sumus !* et l'on affecte d'en douter !

Ces doctrines ne sont pas seulement reproduites par un petit nombre de *rêveurs ascétiques*. Des agens plus actifs, plus puissans, plus nombreux, se chargent du soin de les appuyer et de les faire triompher. La partie est mieux liée qu'on ne pense. Hommes d'état, ne considérez pas ce qui se passe chez un seul peuple ; jetez aussi les regards sur l'Espagne, la Suisse, la Belgique, et voyant partout les mêmes symp-

que les réformateurs avaient alarmés, en leur présentant sans cesse la *tendance* que manifestait la cour de Rome à déposer les rois qui s'étaient séparés de sa communion — Et c'est cette déclaration, c'est-à-dire les principes qu'elle consacre, que les ultramontains s'efforcent d'attaquer ! Et les rois pourraient cesser de la vouloir maintenir !

tômes de troubles et d'agitations, cherchez quel
est le principe de ce mouvement uniforme imprimé à l'ensemble ; reconnaissez l'effort des
Pharisiens du jour ; sentez les coups de cette
épée dont la poignée est à Rome et la pointe
partout.

Si notre croyance (ce qu'à Dieu ne plaise)
était menacée, est-ce donc par la force et par la
contrainte qu'il faudrait aller à son secours ?
Faudrait-il nous montrer inquiets, éperdus,
comme les prêtres de l'ancienne loi, qui jetè-
rent un cri d'effroi à la première annonce du
christianisme, et qui, ne pouvant en appeler à
la vérité, parce qu'elle était contre eux, en ap-
pelèrent aux licteurs de Félix et de Festus ? Ah !
disons-le avec un écrivain de bon sens : « Qui
» establit son discours par braveries et com-
» mandemens (et je pourrais ajouter, par ré-
» quisitoire), montre que la raison y est faible. »

Et comme le propre de notre religion, au
contraire, est d'être forte de sa vérité même,
on ne doit pas procéder, lorsqu'il s'agit d'elle,
par des moyens que la vérité désavoue. Aussi
Bossuet a mérité cet éloge que lui donne son
éminent panégyriste, et que l'auteur des *Conférences sur la religion* s'est plu à répéter :
« Qu'il n'avait jamais voulu employer que les
» armes de la science et les moyens d'instruc-
» tion. » Et, en effet, quand une religion a la
vérité pour soi, et 60,000 prêtres, lévites et

missionnaires pour la défendre et la prêcher,
au milieu d'une population qui, sur 30 millions
d'hommes, rencontre à peine un vingtième de
dissidens, conçoit-on que l'on veuille encore,
en son nom, imposer, par voix d'autorité, *silence* à ceux dont les discours déplaisent, afin de
donner ainsi à ses détracteurs occasion de dire
qu'on redoute d'en venir à raisonner froidement
avec eux !

C'est aussi l'avis que Fénélon donnait au fils
de Jacques II, qui avait si tristement échangé
la politique contre la théologie : « Nulle puis-
» sance humaine, lui disait le sage prélat, ne
» peut forcer les retranchemens impénétrables
» de la liberté du cœur. La force ne peut jamais
» persuader les hommes ; elle ne fait que des hy-
» pocrites. Quand les rois se mêlent de la reli-
» gion, au lieu de la protéger ils la mettent en
» servitude. Accordez donc à tous la liberté ci-
» vile, non en approuvant tout comme indiffé-
» rent, mais en souffrant avec patience tout ce
» que Dieu souffre, et en tâchant de ramener
» les hommes par une douce persuasion. »

Toutes les fois qu'on suit une autre marche,
au bruit même que font les dénonciateurs, à
l'amertume de leurs plaintes, au scandale qui
les accompagne, on peut juger de suite que la
religion n'est point intéressée.

Non, Messieurs, la question ne s'établit point
ici sur la religion ; elle est toute politique ; le
pouvoir en est le but. Elle est entre ceux qui

veulent consolider le gouvernement actuel, et ceux qui voudraient (comme l'a très-bien dit un procureur-général à qui ce mot a valu sa destitution), nous rendre l'ancien régime avec un *et cætera* de plus, et les libertés gallicanes de moins.

Pour ceux-ci, la religion n'est qu'un prétexte. Ils ne cherchent pas à vaincre par le raisonnement, mais par le silence qu'ils veulent à toute force que l'on impose à leurs adversaires ; et pour éviter le combat, autant que pour faire paraître ceux-ci odieux en même temps que coupables, ils les présentent comme des ennemis de la religion, des athées, des matérialistes, trop semblables en cela à ceux dont Pascal a dit : « Ils concluent de tout que leurs adversaires » sont hérétiques. »

Deux grands modèles sont offerts aux peuples de la chrétienté : la France et l'Espagne.

L'Espagne, pays le plus *catholique* du monde, pays d'obédience et d'inquisition, où le roi, dit-on, est absolu ; mais du reste, sans colonies, sans vaisseaux, sans soldats, sans argent ; avec un territoire fertile, mais inculte ; un peuple autrefois héroïque, mais qui languit sans instruction, sans commerce, sans liberté.

· Et la France, belle et vaste monarchie, soumise au doux empire d'une race de rois pleins d'honneur et de bonté ; où chacun peut se dire libre de sa personne et de ses pensées, propriétaire assuré de ses biens, maître de son industrie ; où le roi *très-chrétien* n'est pas absolu, puisqu'il y fait vœu de vivre et de gouverner selon les lois, mais où les lois elles-mêmes sont si puissantes, qu'il n'y a pas une terre qui ne paie tribut à l'état, pas un citoyen qui puisse lui refuser le service de sa personne, pas un homme, quelque grand qu'il se croie, qui ne puisse, au premier mouvement irrégulier, être arrêté par le moindre agent de la force publique ; où, après tant de malheurs qui ont pesé sur le trône et sur la nation, leur accord est tel, leur prospérité si puissante, qu'aucune autre époque de la monarchie n'a offert rien de semblable ; à ce point, que nous avons vu l'ancien régime, travaillé de ses propres vices, crouler sous un déficit de cent quarante millions, tandis que, cette année même, à côté d'un impôt annuel d'un milliard qui se paie sans effort, nous avons vu donner un autre milliard, sans que la nation ait paru en ressentir l'énorme surcharge.

Était-il aussi puissant, ce Louis XIV, auguste type des monarques les plus absolus, avec son *cardinal-premier-ministre*, et le confesseur qui, abusant de sa vieillesse, lui fit dragonner les sujets !

Voilà les heureux effets d'une sage liberté !

Que veulent donc ces prétendus amis de la religion, lorsqu'au lieu d'appeler la perpétuité et les longues bénédictions du ciel sur cet heu-

19

reux ordre de choses, qu'ils ont l'insolence d'appeler *révolutionnaire*, ils réveillent des prétentions surannées, des doctrines dès long-temps décriées et proscrites, et par-là nous exposent à revoir les anciennes querelles, et peut-être les anciens troubles?

Messieurs, cette cause est essentiellement *gallicane*.

Mais elle excite une attention *européenne*. Que dis-je? cette expression, qui autrefois comprenait tous les peuples civilisés, ne rend plus aujourd'hui que la moitié de cette idée. Un monde entier, un monde tout nouveau, a les yeux tournés sur nous, prêt à former sa conviction sur notre conduite, désireux qu'il est de savoir si la tolérance affermira son règne, ou si la persécution va recommencer le sien.

Magistrats, vous pouvez dissiper ces ombrages, conserver la paix dans l'état, et rendre un grand service à la religion, en la préservant des suites d'une ambition qu'elle désavoue, et en assurant aux catholiques qui vivent en minorité dans les pays protestans, une existence analogue aux principes de tolérance que vous saurez professer dans un pays où la religion catholique est la religion de l'état; préparer l'émancipation de nos frères d'Irlande, et empêcher que l'Amérique, si jalouse de sa liberté, ne s'autorise de nos débats religieux et des craintes qu'ils inspirent, pour se séparer de notre commu-

nion, comme elle s'est déjà séparée de notre
politique.

Vainement on essaie de vous rassurer en disant que nous ne sommes plus au temps de Grégoire VII et de Boniface VIII. Ne disons plus
que rien soit impossible, après que tant d'événemens que nous avions jugés tels se sont
réalisés.

Je sais qu'on assiége vos esprits par mille
considérations : *Si hunc dimittis, non es amicus
Cæsaris ;* si vous ne condamnez pas le journal
qui vous est déféré, vous n'êtes pas royalistes,
vous n'êtes pas religieux. C'est le motif qu'on
faisait valoir auprès de ce proconsul, auquel
l'Évangile reproche surtout de la faiblesse : *Cu-
piebat liberare Jesum, sed cùm mollis erat, eorum
cedebat affectionibus.* Voyez comme le ressenti-
ment de l'injustice traverse les siècles : on ou-
blierait plutôt la date d'une bataille que celle
d'une injuste condamnation.

Ceux même, parmi vous, qui apprécient le
plus les immenses avantages de la liberté de la
presse, on cherche à les effrayer aussi en disant :
Si vous n'accueillez pas l'accusation, eh bien !
qu'arrivera-t-il? — On proposera à la prochaine
session une loi qui rétablira la censure, ou vous
aurez encore une seconde ordonnance du 15
août.

Magistrats, qu'on essaie de rétablir encore la
censure, si on le veut, si on le peut, si on le

croit indispensablement nécessaire, pour mieux
nous démontrer encore une fois que trois valent
mieux que cinq. Qu'on n'oublie pas cependant, comment et au profit de qui elle a été
exercée! que pendant son règne funeste elle
laissait passer l'eloge de la ligue, trouvait bon
que l'on soutînt qu'avant son sacre Henri IV n'était
pas roi légitime des Français, et biffait sur les
colonnes du *Constitutionnel* le juste éloge du Dau-
phin de France, dont il célébrait la modération
et les sages conseils si bien justifiés par les événemens! Ne vous inquiétez donc pas de ce que
voudront les ministres actuels et leurs prochains
successeurs; continuez à faire dire de la Cour ce
que la Cour a dit d'elle-même : qu'elle *rend des
arrêts et non pas des services;* ou, pour mieux
dire, vous rendrez à l'état le service le plus signalé; et si, dans un livre à qui son caractère
officiel a valu le nom de manifeste, et qui porte
pour titre, *Les Crimes de la Presse*, on accuse
votre insuffisance, on vous insulte, on reven-
dique pour d'autres le noble pouvoir que
vous exercez, ne redoutez rien de ces menaces;
on ne perd que le pouvoir dont on abuse : quand
vous aurez protégé les libertés publiques par un
arrêt qui ira se joindre dans l'histoire à ceux de
vos prédécesseurs, l'opinion publique reconnais-
sante vous défendra à son tour, et vous serez
inexpugnables. Jugez donc d'après votre conscience, ne prenant conseil que de votre

doctrine, de vos souvenirs historiques, de vos idées sur l'avenir de la France; de votre amour pour le prince et la patrie, enfin du sentiment de votre propre gloire et de votre dignité.

Et de même, qu'en 1770, lors des attaques inconstitutionnelles portées à la magistrature qui formait alors le seul rempart des libertés publiques, le vertueux Malesherbes disait au Roi : « Sire, si la fierté des grands vassaux s'est
» vue forcée à s'humilier devant le trône de vos
» ancêtres, de renoncer à l'indépendance, et de
» reconnaître dans le roi une juridiction su-
» prême, une puissance publique supérieure à
» celle qu'ils exerçaient; si l'indépendance de
» votre couronne a été maintenue contre les
» entreprises de la cour de Rome, tandis que
» tous les souverains avaient plié sous le joug
» de l'ambition ultramontaine ; enfin , si le
» sceptre a été conservé de mâle en mâle, à
» l'aîné de la maison royale par la succession la
» plus longue et la plus heureuse dont les an-
» nales de l'empire aient conservé le souvenir,
» tous ces services sont dus, l'histoire en fait
» foi, à votre parlement. »

Vous pourrez dire aussi, ou du moins nous dirons de vous :

« Si les libertés publiques n'ont pas péri en France ; si la liberté de la presse a été protégée contre les achats clandestins et les procès de tendance ; si l'ultramontanisme a été contenu ;

s'il a continué d'être permis d'opposer à ses entreprises l'antique barrière des libertés de l'église
gallicane; si le pouvoir royal se trouve ainsi
préservé pour l'avenir des attaques et des em-
piètemens qui l'ont jadis mis en péril; si l'ordre
public est maintenu et l'opinion publique ras-
surée : on le doit à la cour royale de Paris. »

La plaidoirie de M^e. Dupin a duré depuis midi
jusqu'à trois heures.

M. l'avocat du Roi demande à répliquer.

L'audience est renvoyée à huitaine.